FOMOS MAUS ALUNOS

PAPIRUS ◆ DEBATES

A coleção Papirus Debates foi criada em 2003 com o objetivo de trazer a você, leitor, os temas que pautam as discussões de nosso tempo, tanto na esfera individual como na coletiva. Por meio de diálogos propostos, registrados e depois convertidos em texto por nossa equipe, os livros desta coleção apresentam o ponto de vista e as reflexões dos principais pensadores da atualidade no Brasil, em leitura agradável e provocadora.

GILBERTO DIMENSTEIN
RUBEM ALVES

FOMOS MAUS ALUNOS

PAPIRUS 7 MARES

Capa	Fernando Cornacchia
Coordenação	Beatriz Marchesini
Gravação de áudio	Studium PA
Transcrição	Natália Cosiuc
Pré-edição	Valéria Forner
Edição final	Adson Vasconcelos
Editoração eletrônica	MZ Editoração
Revisão	Anna Carolina Garcia de Souza, Lúcia Helena L. Morelli e Solange F. Penteado

Dados Internacionais de Catalogação na Publicação (CIP)
(Câmara Brasileira do Livro, SP, Brasil)

Dimenstein, Gilberto
  Fomos maus alunos/Gilberto Dimenstein, Rubem Alves. –
11ª ed. – Campinas, SP: Papirus 7 Mares, 2013. – (Papirus Debates)

Bibliografia.
ISBN 978-85-61773-02-1

1. Educação – Estudo de casos 2. Educação – Finalidades e objetivos 3. Professores e estudantes I. Alves, Rubem. II. Título. III. Série.

13-07060   CDD-371.0092

Índice para catálogo sistemático:

1. Experiências pessoais na escola: Educação   371.0092

11ª Edição – 2013
9ª Reimpressão – 2024
Tiragem: 60 exs.

Exceto no caso de citações, a grafia deste livro está atualizada segundo o Acordo Ortográfico da Língua Portuguesa adotado no Brasil a partir de 2009.

Proibida a reprodução total ou parcial da obra de acordo com a lei 9.610/98.
Editora afiliada à Associação Brasileira dos Direitos Reprográficos (ABDR).

DIREITOS RESERVADOS PARA A LÍNGUA PORTUGUESA:
© M.R. Cornacchia Editora Ltda. – Papirus 7 Mares
R. Barata Ribeiro, 79, sala 316 – CEP 13023-030 – Vila Itapura
Fone: (19) 3790-1300 – Campinas – São Paulo – Brasil
E-mail: editora@papirus.com.br – www.papirus.com.br

SUMÁRIO

TRAVESSIA 7

A caixa e o brinquedo 13
"Vovô viu a uva" 18
A necessidade faz o sapo pular 23
O que deu errado? 28
Experiência de confluência 35
É melhor fazer sorteio 39
Presente do futuro 44
Decifra-me ou te devoro 47
O prazer da incógnita 53
Livros por quilo 57
As peças do quebra-cabeça 59

O aprendiz há mais tempo 63
Deimon 67
Lá vêm os palhaços 75
O medo da incógnita 82
Experiências 92
Eu não sei, estou aprendendo 99
Aprender errando 108
Final 113

GLOSSÁRIO 115

N.B. Na edição do texto foram incluídas notas explicativas no rodapé das páginas. Além disso, as palavras em **negrito** integram um **glossário** ao final do livro, com dados complementares sobre as pessoas e os temas citados.

TRAVESSIA

Antes de nos conhecermos pessoalmente, o Gilberto Dimenstein e eu nos tornamos amigos. Nossa amizade aconteceu em torno de uma paixão comum que se manifestou por meio dos nossos escritos. Ambos temos uma curiosidade insaciável pelas coisas da vida, pelos objetos do mundo que nos cerca. É essa curiosidade que nos faz pensar. Pensamos para acalmar essa "comichão" nos pensamentos que se chama curiosidade. Nisso nos parecemos com Alberto Caeiro. Ele sentia o mesmo. Tanto assim que escreveu: *Sinto-me nascido a cada momento para a eterna novidade do mundo.** A última coisa que se pode sentir diante da "eterna novidade do mundo" é tédio. O pensamento é uma criança que explora

---

* Fernando Pessoa, *Obra poética*. Rio de Janeiro: Nova Aguilar, 1992, p. 204.

esta caixa de brinquedos chamada mundo. Pensar é brincar com os pensamentos.

Temos, ao mesmo tempo, um "grilo" com as rotinas que se cristalizaram nas escolas tradicionais e que se transformaram em normas. São muitos os que sentem o mesmo. Bruno Bettelheim, já velho, lembrando-se de suas experiências de criança disse que na escola os professores tentavam ensinar-lhe o que ele não queria aprender da forma como eles queriam ensinar. Roland **Barthes** foi outro a sentir o mesmo. Escreveu um delicioso ensaio sobre a preguiça e declarou que ela, a preguiça, pertence essencialmente às rotinas escolares porque nas escolas os alunos são obrigados a fazer o que não querem fazer e a pensar o que não querem pensar. Ah! Como é doloroso fazer os deveres de casa! Bem diz a palavra que são "deveres"! Imposições de uma autoridade estranha. A verdade é que se a criança pudesse ela não faria os deveres. Preferiria fazer outras coisas. Mas o ditado popular afirma: *Primeiro a obrigação, depois a devoção.* O aluno, sem querer, mas obrigado, arrasta-se sobre o dever que lhe é imposto. O corpo e o pensamento resistem. Essa resistência que faz corpo e pensamento se arrastarem é a preguiça... Mas existirá uma razão por que a "obrigação" e a "devoção" devem ser inimigas? Quem, que poder, que sujeito determinou que deva ser assim? A curiosidade é a voz do corpo fascinado com o mundo. A curiosidade quer aprender o mundo. A curiosidade jamais tem preguiça! Por amor às crianças – e ao corpo – não seria possível pensar que o nosso dever primeiro seria satisfazer essa curiosidade original, curiosidade que faz com que a aprendizagem do mundo seja um prazer? Ficamos, então, a partir das nossas próprias experiências de aprendizagem, a pensar que deve ser possível uma experiência de aprendizagem baseada na curiosidade e não imposta pelos programas. O fato é que existe um descompasso inevitável entre os programas escolares e a curiosidade. E isso porque os programas são organizações formais e universais de saberes a serem aprendidos numa ordem preestabelecida e num ritmo único. Disse a Adélia Prado: *Não quero faca nem queijo; quero é fome.* A fome dos alunos, sua curiosidade, não deseja comer o queijo que os programas lhes oferecem. Então, não seria possível uma experiência de aprendizagem baseada na fome? O fracasso das instituições de ensino tem a ver com isso: elas oferecem uma comida que os alunos não querem comer...

Baseados em nossa própria experiência, acreditamos que aprender é muito divertido. Bem disse Aristóteles, na primeira frase da *Metafísica*, que *todos os homens têm, naturalmente, o desejo de aprender*. Mas a potência que faz com que todos tenham o desejo de aprender é a curiosidade. Sem ela, ninguém quer aprender. Quem está possuído pela curiosidade não descansa. Não é necessário que se lhe imponham obrigações e deveres porque o prazer é motivação mais forte.

O Gilberto e eu, vivendo em épocas e situações diferentes, tivemos experiências escolares semelhantes. Não nos interessava aquilo que os programas diziam que tínhamos de aprender. Assim, não aprendíamos. Fomos empurrando a escola com a barriga, arrastando-nos, tirando más notas, passando vergonha, possuídos pela preguiça. Ah! A suprema felicidade de quando um professor adoecia e não aparecia para a aula! E a suprema felicidade dos feriados e das férias! A felicidade começava quando a escola terminava! Mas o problema é que havia um acordo tácito no julgamento que se fazia sobre nós, julgamento sobre o qual concordavam pais e escolas. Todos estavam de acordo: éramos maus alunos.

Maus alunos na escola, tínhamos uma enorme voracidade por coisas que não estavam nos programas. Não é que nos faltasse fome. Fome nós tínhamos. O que não tínhamos era fome para comer a gororoba padronizada que se servia nos restaurantes chamados escolas. Daí passamos a fazer nossa própria comida... O que não foi mau...

A ideia partiu do Gilberto: *Rubem, por que não nos reunimos para conversar informalmente sobre nossa experiência escolar? Gravamos a conversa e ela poderá se transformar num livro!* A ideia me fisgou na hora.

Quando se vai escrever um texto ou um livro acontecem dois processos. O primeiro, fundamental e original, é uma orgia de ideias. As ideias vêm por conta própria, irracionalmente, inexplicavelmente, atropelando, saltando, dançando, numa enorme farra sem ordem alguma. O que o escritor faz é apenas anotar as ditas ideias para que não sejam esquecidas. Nesse momento elas se parecem com as centenas de peças de um quebra-cabeça espalhadas sobre a mesa. O segundo é um processo racional de juntar as peças na ordem certa, para que se forme o quebra-cabeça. O que se dá ao leitor, geralmente, é o quebra-cabeça montado e pronto, artigo ou livro. O leitor nada fica sabendo da farra que o antecedeu. Isto é: o leitor não participa da dança das ideias.

O que me fascinou na sugestão de um livro que fosse a transcrição de uma conversa é que o leitor participaria das ideias no momento e na forma do seu aparecimento, antes que a razão lhes fizesse a *toilette*... Ideias abruptas, incompletas, inexplicadas, na sua desordem gramatical, sem nenhuma preocupação com a forma final do quebra-cabeça pronto... Quando se lê um texto completo o pensamento marcha, um passo atrás do outro. No nosso caso, o pensamento não poderia marchar. Ele teria que saltar e dançar, ao sabor dos saltos e da dança das ideias.

Foi o que fizemos. Reunimo-nos para conversar e gravar. Sem nenhuma preocupação com conclusões. Sem nenhuma ideia sobre o destino. Como disse Guimarães Rosa, o que importa não é nem a partida, nem a chegada; é a travessia. Este livro é uma travessia que não chegou a destino algum. Esperamos que você goste da viagem. E pense seus próprios pensamentos...

A caixa e o brinquedo

Rubem Alves – O Calvin,[1] provocador das minhas ideias sobre a escola, recebeu, dentro de uma caixa, um presente. Não gostou do presente e o deixou de lado. Mas ficou encantado com a caixa. Tantas coisas se podiam fazer com uma caixa! A escola foi, para mim, como o presente do Calvin. Não me entusiasmou. Mas gostei da caixa, o mundo que a cercava. Havia tantas coisas para conhecer, tantas coisas para fazer! Explorar o mundo, andar por lugares desconhecidos, fazer meus próprios brinquedos. Foram essas atividades extraescola que me fizeram pensar. Eu tinha uma vocação de Professor Pardal inventor. Aos seis anos, desmontei, secretamente, o relógio de pulso de minha mãe. Naquele tempo os relógios de pulso eram

---
1. Personagem de história em quadrinhos criado por Bill Watterson, em 1986.

joias caras. Desmontei pensando que poderia montá-lo de novo. Não consegui. Minha mãe não ficou brava, o que me estimulou a desmontar para ver como as coisas eram por dentro. Mas as coisas que me fascinavam, que provocavam minha curiosidade e a vontade de desmontar não se encontravam na escola...

Gilberto Dimenstein – Puxando pela ideia da caixa, no meu caso, foi um pouco diferente: eu detestava a caixa e também o brinquedo. Para mim, a escola foi um problema durante toda a minha vida escolar. Não houve um único ano em que a escola tenha sido estimulante e fonte de realização. Então, acabei desenvolvendo algumas defesas para tentar me proteger. Uma delas foi uma dicção péssima: as pessoas não entendiam direito o que eu falava. A outra era a minha letra. Até hoje eu não entendo a minha letra. Precisaria ter um tradutor para a minha letra. Ir à escola, para mim, era um processo doloroso. Não conseguia aprender.

Rubem – Você não conseguia mesmo aprender? Você era retardado? Você não conseguia passar na matéria, não aprendia?

Gilberto – Passava de ano porque suspeitava lá no fundo que minha mãe se mataria caso eu repetisse. Por algum mecanismo que eu atribuía a um dom divino – afinal, não me achava inteligente –, passava de ano. Por alguma razão, que ainda não consigo entender exceto pela conjunção de forças misteriosas, eu ficava de segunda época em três matérias. Se ficasse na quarta, levaria pau. Havia uma série de agravantes para mim. Sou de família de judeus muito religiosos que vieram do Marrocos. O meu nome hebraico é Salomão. Todo judeu tem um nome em português e um nome em hebraico.

Rubem – Salomão: sabedoria, o sábio...

Gilberto – É! O sábio... Então você imagina o que esperavam de mim. Era um peso grande. Ao mesmo tempo, além do problema de *déficit* de atenção e dos sintomas de hiperatividade – naquela época não se sabia o que era isso –, eu ainda babava. Já adulto, fazendo terapia, detectou-se um grau agudo de ansiedade, a sensação permanente de urgência, de emergência, como se estivesse sempre correndo perigo. O ansioso vive acuado, numa guerra particular. Defendia-me no desligamento. Meu apelido era Gil Babão. A família me dá o nome de Salomão e na escola me chamavam de Gil Babão... Eu não aprendia, não entendia a minha letra, não conseguia reter nada. Lembro-me de que, na minha infância, eu estudava numa rua chamada Madre Cabrini.[2] Naquele tempo, as janelas da escola eram muito grandes e as ruas eram um teatro – não como são hoje as ruas de São Paulo, tomadas pelos carros, sem calçadas. Tinha o sujeito que vinha com a matraca, vendendo biju; tinha o padeiro que trazia o cheiro do pão e a beleza de seus arranjos na perua. Tinha o sujeito da gaita, que vinha consertar a panela; tinha o leiteiro. A escola era desconectada

---

2. Rua localizada na Vila Mariana, bairro da capital paulista.

de tudo isso. Eu não conseguia ficar parado em sala de aula. Tentava ter caderno, mas não conseguia manejar a ideia de ter um caderno. Então, matemática era uma tragédia, português era uma tragédia, todas as matérias eram uma tragédia. A vida escolar, para mim, era a história de um fracasso. Era como se todo dia alguém me dissesse: *Você é um fracasso*. Imagine acordar de manhã e alguém dizer assim: *Você é um fracasso, você é um fracasso...* E isso foi ficando na minha cabeça.

Rubem – É curioso, porque minha experiência na escola, pelo menos no curso primário, foi muito diferente da sua. Não que eu tivesse interesse, mas era um bom aluno. Fazia as coisas direitinho, mas sabia que aquilo era minha obrigação, que era a maneira que eu tinha de me livrar dos problemas. Fazia as coisas direito para não ter problemas com as outras coisas que eu queria fazer. Eu queria ter um espaço de liberdade. Comecei a ter essa sua experiência de judeu ao me mudar para o Rio de Janeiro. Isso é tão importante, a experiência de ser exilado, de ser diferente. Você era diferente, você babava e ainda era judeu. Quando eu morava no interior de Minas, a minha diferença é que eu era *pustestante*. Esse era o maior xingatório que havia. Chegava o padre na escola e perguntava: *Quem é que vai pra comunhão?* Todo mundo gritava: *O Rubem não, que ele é pustestante!* Então, eu já era pária, meio judeu como você. Mas, quando fui para o Rio, aí a coisa foi muito pior. Meu pai cometeu um erro: me colocou num dos melhores colégios da cidade, o mais caro, chamado Andrews. Mineiro, chego lá falando *marh*, *carhne*... Eu usava roupa esquisita e fui objeto de escárnio de todo mundo. Durante toda a minha estada no Rio, nunca levei um colega à minha casa e nunca um colega me convidou para ir à casa dele. Parece que essa experiência – de, talvez, solidão – força a gente a desenvolver recursos pessoais para lidar com a vida. Essa experiência que você teve desde o início, eu comecei a ter apenas na adolescência.

"Vovô viu a uva"

Gilberto – Tenho 46 anos e sou da geração exatamente pós-guerra. Do período de uma das maiores catástrofes que aconteceram na humanidade, especialmente para os judeus. Nasci com essa experiência traumática. O **holocausto** estava tão próximo de mim quanto o estádio do Pacaembu. Nós fomos *adultizados*, até porque minha convivência era com judeus europeus, a maioria de poloneses e alemães. Era um mundo de revoluções, um mundo de confronto entre socialismo e capitalismo, da guerra fria, das lutas contra o racismo nos Estados Unidos, o *Sputnik*.[3] Eu tinha um interesse enorme por tudo isso. Tanto, que toda a minha educação era nutrida com a notícia. O que me ligava à educação era a notícia. Quando eu estava na escola, o que me ensinavam era tão distante daquele mundo da sensibilidade... Lembro que eu acompanhava a questão da África do Sul, acompanhava toda a formação do Estado de Israel, a agitação política no Brasil – isso tudo me fascinava. Mas, na escola, só me ensinavam, e aqui vou caricaturar, o *vovô viu a uva*.[4] Eu não era medido pela sensibilidade que tinha com o conhecimento do mundo, era

---

3. Satélite artificial lançado pela antiga União Soviética em 4 de outubro de 1957.
4. Referência a uma forma antiga de alfabetização por meio de cartilhas e método silábico.

medido por *vovô viu a uva*. O *vovô viu a uva* não me ajudava a entender o que eu estava sentindo em relação ao mundo.

Rubem – Sou muito mais velho que você. Quando eu era menino, vivi a guerra. O nosso contato com o mundo era através do rádio, nem era do jornal. Morávamos numa periferia pobre e a minha casa era a única nas redondezas que tinha um rádio. Quando meu pai comprou um rádio foi um evento. Nós escutávamos um famoso locutor chamado Carlos Frias, dizendo: *Stalingrado*[5] *continua a resistir*. E aí o que acontecia? Como é que aprendi geografia? Não foi fazendo mapa na escola. Meu pai pregou na parede o mapa da Europa e eu ia seguindo com ele o que a Alemanha estava fazendo, para onde a Alemanha estava indo. E a gente começava a pensar. Lembro-me do meu pai pensando na possibilidade de a Alemanha dominar o mundo. *Como é que ia ser?* Depois, as coisas se inverteram, e a gente foi seguindo. Isso me interessava, eu queria saber dessas coisas, mas, como você disse, na escola era o *vovô viu a uva* e isso não tinha qualquer relação com a nossa experiência humana e cultural.

Gilberto – Eu tentava entender a tragédia de milhões de pessoas que morriam só porque eram judias. Impressionava-me as fotos das crianças de **Biafra**. E a escola parecia desconectada disso tudo. Não via utilidade no que

---

5. Nome de cidade existente na antiga União Soviética de 1925 a 1961.

me despejavam na sala de aula. E a escola desconsiderava o que me interessava. Virei um jornalista e escritor de livros escolares. Seria natural, portanto, que, na minha infância e adolescência, aprendesse com facilidade a língua portuguesa. Nada disso. Faziam com que decorássemos regras. Usavam, por exemplo, *Os lusíadas*, de **Camões**. Como é que um menino vai se sensibilizar? Era uma dupla humilhação para o aluno. A humilhação de ele não saber lidar com os códigos e a humilhação de não usar a riqueza interior do aluno. A sensibilidade do aluno valia pouco, quase tudo se concentrava na memorização de conteúdos. Estar sensível à África do Sul, às revoluções, isso tudo não valia nada. Só em alguns momentos, quando havia alguma palestra ou algum debate na escola, é que minha conexão com o mundo se fazia. É um processo perverso. Todo mundo diz que você não vale nada: sua mãe, seu pai, seus tios. E como você não tem referenciais em que suas habilidades apareçam, acha que não vale nada mesmo. Ao aceitar o papel de quem não vale nada como estudante, vamos para a turma do fundão. Eu sempre fiz parte da turma do fundão.

Rubem – Explica o que é a turma do fundão.

Gilberto – A sala era dual. Havia o pessoal que ficava na frente, que geralmente mantinha o caderno certinho, e tinha também a turma do fundão, que era o pessoal da farra. Geralmente, os professores tinham horror da turma do fundão. Na turma do fundão havia pessoas mais altas e, de certo ponto de vista, mais criativas. Nós tínhamos uma paixão pela bola. Fazer esconderijos de bolas era uma diversão. Só que havia uma diretora muito esperta, que colocava o bedel para achá-las. Certa vez, criamos um fundo falso na mesa do professor, e ali guardávamos as bolas. Durante muitos anos não se soube que as bolas ficavam escondidas na mesa do professor. Tanta criatividade e se condena o indivíduo falando assim: *Bem, você não vale nada*. E não há com quem dialogar quando seus pais dizem: *A escola tem um critério certo. A escola é a instituição mais importante que há na sua vida*. O professor é uma referência; seus amigos são elogiados, mas você... Você não tem nem repertório intelectual nem emocional para dizer que aquilo tudo está errado. É por isso que, na minha vida de educador, eu tive de matar essa escola, matar esse menino massacrado. Voltando à ideia da caixa. O que fiz? Eu não gostava da caixa nem do presente. Tive de refazer a caixa e tentar colocar um presente lá dentro. Quando começo a fazer materiais didáticos, livros didáticos, estou reinventando a caixa. Quando eu tento fazer com que as cidades virem escolas através do **Aprendiz**, ou através de outras experiências, é como se eu estivesse reinventando. E aí penso: *Bem, eu vou ter de fazer uma nova caixa, vou ter de fazer um presente, e esta vai ser a minha relação com a educação*. Porque esses meninos que foram massacrados ficaram sem voz. Hoje, muitos deles são pessoas infelizes, fracassadas, desrespeitadas. Eu tinha uma voz lá dentro que dizia: *Gilberto, acho que você dá para alguma coisa, acho que você vai dar para alguma coisa.* Ouvia essa voz, mas não sabia em que eu daria. E, por acaso, essa experiência dolorosa serviu para eu trabalhar com comunicação.

A necessidade faz o sapo pular

Rubem – Você estava falando sobre sua experiência e eu comecei a pensar o seguinte: no curso primário, eu tentava ser um bom aluno para ter meu tempo livre para fazer as coisas que queria. E eu tinha muitos estímulos. Meu pai, que só fez o segundo ano primário, estudou por conta própria e até aprendeu francês. Ele achava a cultura a coisa mais bonita e até comprou uma *Enciclopédia Internacional*, de capa preta, que ficava num lugar de honra. Eu sabia de cor as primeiras e as últimas letras de cada volume. O primeiro volume ia de "A" a "Araveça"; o segundo de "Arável" a "Begh". Eu sabia que aquele livro era uma coisa maravilhosa. Meu pai me ensinava a ir naquele livro e eu gostava daquilo. Por não ter tido escola, ele talvez entendesse um pouco a minha situação. Uma outra coisa que para mim ainda é símbolo (ainda tenho um desses volumes) é a *Biblioteca Internacional de Obras Célebres*. Era uma coleção, com capa dourada, uma beleza, e tinha obras literárias deliciosas. Lembro-me de meu pai me mostrando a história de *Robinson Crusoé*.[6] Havia uma pintura do Robinson

---

6. Obra de Daniel Defoe (1660-1731), publicada em 1719.

Crusoé olhando para uma pegada na areia. Então, havia esse mundo da escola, que não me fascinava e que eu tentava simplesmente empurrar com a barriga (era fácil, não precisava estudar muito), e havia um outro mundo aberto, que me fascinava. Meu pai perdeu tudo. Sabe, Gilberto, dinheiro faz mal para a inteligência. Como não tínhamos dinheiro, tínhamos de pensar. Pobres, fomos morar numa casa velha. A privada tinha um buraco na louça – como se alguém tivesse deixado cair um tijolo dentro dela. Dinheiro para comprar uma privada nova, meu pai não tinha. Mas, como diz o ditado, *é a necessidade que faz o sapo pular*. Meu pai pulou. Pegou um prato de sobremesa trincado e lascado e o colou com cimento no fundo da privada. Por cinco anos fizemos as nossas necessidades sobre um prato de sobremesa. Pobres, eu tinha de inventar meus brinquedos. Era o tempo da guerra. E a guerra estimula a imaginação – infelizmente, muito mais que os tempos de paz. E comecei a fabricar armas com bambus e elásticos: espingardas, canhões, catapultas e até uma mira de avião de bombardeiro feita com um bambu furado e um espelho. Fazendo brinquedos aprendi lições de física, o atrito, as alavancas, a elasticidade, a reflexão, a resistência dos materiais, o momento. Meu pai era pobre, mas isso não o impediu de fazer uma assinatura de uma coleção de livros que chegavam mensalmente, brochuras de papel jornal que tinham de ser abertas com uma faca. Ninguém me mandou ler livro algum. Mas li *Madame Bovary*,[7] *Amor de perdição*,[8] *O tronco do ipê*,[9] *Tartarin de Tarascon*[10]... Hoje me pergunto: o que me levou a ler aqueles livros se eu entendia muito pouco do que estava escrito? O fato é que aqueles livros abriam um outro mundo para mim, exatamente porque eu não tinha as oportunidades que os meninos ricos tinham. Nessa primeira fase da minha vida, não tive a sua experiência de rejeição ou de ouvir: *você não vai ser nada na vida*... Tirava boas notas na escola. Só fui experimentar o que você experimentou quando me mudei para o Rio de Janeiro...

Gilberto – E aí aconteceu o quê? Você não queria ir para a escola?

Rubem – Foi a fase mais sofrida da minha vida. Eu era ridicularizado. Não babava, mas falava *carhne*. Não tinha amigos, não me interessava pelas disciplinas, tinha raiva dos professores... Os professores não tinham o menor interesse nas coisas da gente... Naquele tempo, o professor entrava na sala e começava a andar de um lado para o outro, ditando a matéria. A função do aluno era copiar a matéria. Lembro-me do professor de história, bigodinho – naquele tempo todos os homens tinham bigodinho de Errol **Flynn** –, sempre de

---

7. Obra do escritor francês Gustave Flaubert (1821-1880), publicada em 1857.
8. Obra do escritor português Camilo Castelo Branco (1825-1890), publicada em 1862.
9. Obra do escritor brasileiro José de Alencar (1829-1877), publicada em 1871.
10. Obra do escritor e jornalista francês Alphonse Daudet (1840-1897), publicada em 1872.

colete, ditando os pontos das dinastias egípcias. Eu vivia nas maiores angústias pessoais: de imagem, de não ser nada, de não valer nada, de ser feio – eu era gordo. Também me lembro do professor de educação física. Ele entrava, aquele peito enorme, cintura fininha... O que se fazia na educação física não era nada. A coisa mais importante das aulas de educação física eram as mensurações do desempenho atlético de cada aluno: salto em altura, salto em distância, corrida de 50 metros, corrida de 200 metros, subir numa corda. Para mim era uma humilhação porque eu era gordo e mole. O professor anotava cuidadosamente todas as marcas. Nunca compreendi a utilidade daqueles números. Nunca atinei com o que o professor ia fazer com aqueles números. Mas acho que ele não pensava sobre isso. Era sua obrigação. Fazia como autômato. Bom mesmo era quando eu estava na turma do fundo. Hoje, pensando retrospectivamente, tenho dó dos professores. Alguns deles se esforçavam. Mas havia aqueles que desconfiavam e, repentinamente, nos faziam a pergunta terrível: *Qual é o seu número?* Sim, não nos perguntavam o nome. Éramos identificados pelo número. Isso significava que, ao fim das aulas, enquanto os outros saíam e iam para casa, nós iríamos passar por uma sessão de tortura. Era assim. O torturador, encarregado de todos aqueles que tinham tido os seus números anotados, numa sala especial, entregava a cada um de nós uma folha de papel com uma conta de subtração a ser efetuada.

Essa conta se construía assim. Ele tomava um número de três algarismos – 327, por exemplo. Acrescentava-lhe dois zeros e ele se transformava em 32.700. Aí a gente tinha de diminuir 327 de 32.700. Do resultado, diminuir 327. E assim por diante. Se não houvesse nenhum erro nas 100 operações que teríamos de fazer, o resultado seria zero. Mas nunca dava zero. Porque é impossível não cometer erro algum em 100 operações. Já era noite fechada e lá estávamos nós. Era algo estúpido, sem nenhuma função educativa, cuja única função era fazer sofrer. Estive pensando que, em todas as instituições onde uma classe detém o poder absoluto – prisões, asilos de velhos, orfanatos, escolas, exército –, existe sempre a possibilidade do exercício do sadismo, que continua a estar presente nas práticas escolares.

O que deu errado?

Gilberto – Isso que você coloca é uma covardia. Como se pode dizer se uma pessoa presta ou não presta, se ela tem bom caráter ou mau-caráter a partir de algo chamado *nota*? A pessoa não tem defesa diante disso. Ela está diante de um tribunal no qual não tem direito de defesa. Quis a vida que eu descobrisse talento como comunicador – que, na minha visão judaica, significava apenas uma extensão da educação. Ou seja, comunicar é um ato de educar. É o exemplo dos profetas, que eram comunicadores e educadores. Esse foi o padrão de comunicação que me foi ensinado. O que Moisés fez, ao exibir as Tábuas da Lei, foi um ato de comunicação. Ser judeu significava, para mim, ser reverente à educação. Tanto que não há judeu analfabeto. Não há chance de que o judeu seja analfabeto, porque, aos 13 anos ele tem de ler a *Torá*.[11] Ao me tornar comunicador, tinha experiência das informações sem significado, sem utilidade. Aí vem o jornal. E o jornal o que é? É dar informações que, supostamente, têm algum significado para o leitor. Quanto mais significado para o cotidiano do leitor, mais impacto tem a notícia. Ao trabalhar com a comunicação, começo a ganhar prêmio atrás de prêmio.

---

11. Cinco primeiros livros da Bíblia hebraica que contêm o essencial da Lei Mosaica.

Como jornalista, ganhei todos os prêmios. Ganhei todos os prêmios várias vezes. Depois, ganhei como escritor. Quando comecei a ganhar prêmios, perguntei para mim mesmo: *O que deu errado? Que deu errado com as previsões das pessoas que diziam que eu ia dar errado?* Iniciei essa discussão depois de trabalhar a questão da autoestima e de enfrentar uma melancolia crônica, combinada com surtos de euforia, que havia dentro de mim. Colhi depoimentos a respeito da minha vida escolar. Vários professores diziam que eu seria irremediavelmente um mau estudante, que não conseguiria cursar uma faculdade. Há registros de reuniões escolares que fui conhecer só agora. Em um deles, uma professora insistia em que eu repetisse de ano porque, na visão dela, eu era semianalfabeto. *O que deu errado, qual foi o erro dessas visões, compreensíveis e justificáveis dentro das regras do jogo escolar?* Quando entrei na faculdade de jornalismo, achava que era mais ou menos o que eu gostava. Mas quando comecei a fazer o curso, descobri a paixão por saber alguma coisa. Só consigo comparar isso à descoberta da mulher. A descoberta da palavra e a descoberta da mulher tiveram o mesmo encanto para mim. Quando descobri a paixão pela palavra, pela comunicação, o que aconteceu? Aquilo de que eu gostava, que era o mundo, passou a ser traduzido num grupo de códigos, que eram os textos. Automaticamente, passaram a ter um significado as regras gramaticais, por exemplo, e até Camões. E havia a produção e, mais ainda, a publicação. Daí se entende a força dos professores que orientam seus alunos com projetos, que são produção com começo, meio e fim. Tudo isso foi tão encantador! Era o encanto da descoberta da utilidade do conhecimento. Mais, da minha própria utilidade. Aí foram tantos prêmios de jornalismo, que nem achava que eram para mim. Esse mau aluno, que era um ótimo aprendiz, foi meu grande mestre, para misturar a comunicação com a educação.

Rubem – Deixe-me fazer uma pergunta: Quem ensinou jornalismo a você?

Gilberto – Quando entrei no jornalismo, eu tive mestres. Mestres na porrada. Nas redações, existiam aqueles jornalistas que eram cínicos, que faziam as piadas mais terríveis. Eram quase torturadores, mas tinham, do jeito deles, uma preocupação em transmitir conhecimento. Havia um jornalista da *Folha*[12] que fazia assim: quando chegava um determinado rapaz com a matéria, ele dizia *Essa tua matéria não merece nem ir para o lixo*. E devolvia a matéria. Aí o rapaz voltava: *Olha, essa matéria continua não merecendo nem ir para o lixo*. O rapaz voltava novamente. Depois da quinta vez, o jornalista consolava: *Já melhorou muito essa sua matéria! Agora, já merece ir para o lixo*. Então, rasgava a matéria e a jogava no lixo. Eles tinham esse jeito duro e debochado, mas que estimulava a experimentação. Geralmente, apreciavam massacrar os mais novos, os

---

12. Referência ao jornal *Folha de S.Paulo*, fundado em 1921.

focas,[13] mas também estimulavam os talentosos. Acho que no jornalismo me ensinaram a técnica, mas a paixão ninguém ensina. Quando descobri a paixão pelo ato de comunicar como um verbo bitransitivo, ou seja, comunicar algo a alguém, tudo ficou fácil. Aprender a norma culta da língua para me expressar melhor passou a ter sentido. Agora sei que colocar um *que* antes ou depois da vírgula pode ter um significado diferente para o que eu quero expressar. Assim como empregar o verbo corretamente também enriquece a fluidez e a precisão. Desse modo, decorar a regra da vírgula não é mais decorar a regra da vírgula, passou a ser um instrumento. Se eu colocar o *que* e errar no uso da vírgula a pessoa vai ter um entendimento errado. O ensino de história, de filosofia, de sociologia, de literatura, passou a ter significado: o que eu aprendo tem significado. Foi aí, Rubem, que descobri, com muita clareza, que só existe um motor do aprendizado: paixão e curiosidade. E muito do que a escola faz é matar a ideia da paixão pela curiosidade. Eu era um garoto curioso. Durante anos, ouvi: *Você não é curioso, você é burro, você é mau-caráter, você não presta, você está traindo a herança da sua família, você é mau em matemática, em química, física, biologia, português, você é mau em tudo, você é um indivíduo menor.* Aí comecei a pensar assim: *Sou mesmo um indivíduo menor.* Aceitei e fui para o fundão. Mas quando se descobre a paixão, vemos

---

13. Expressão utilizada nas redações dos jornais para se referir aos repórteres ou jornalistas novatos.

que todo o resto é bobagem, que a vírgula você aprende lendo um livro de gramática. Então, percebi que poderia produzir materiais didáticos a partir da ideia do significado de informações que a comunicação me dava. Digo que, a partir daí, tudo o que fui lendo sobre pedagogia e psicopedagogia – **Montessori, Piaget, Makarenko, Vygotsky, Freinet** – me fez descobrir que todas as pessoas me ensinaram menos do que o mau aluno que eu fui na escola. Quando eu virei comunicador, me transformei em alguém que tem um encanto pelo ato de comunicar como um ato de educar.

Rubem – Deixe-me bater uma bolinha com você? Você fez a observação sobre as notas, os boletins... Quando a gente ia prestar contas ao pai sobre o que tinha acontecido na escola, ele jamais perguntava: *O que você está aprendendo na escola?* Aí a gente teria a possibilidade de contar coisas bonitas ou ruins e falar sobre o professor. O boletim...

Gilberto – Que vinha com vermelho! Eu fiquei com trauma de vermelho, porque o vermelho estava ligado ao negativo.

Rubem – Dizia quanto você valia. E o pai tinha de botar a assinatura. Aí começava a surgir uma tentação de aprender a falsificar assinatura. Retomando sua experiência, aconteceu uma coisa parecida comigo. De repente, eu me descobri escritor. Se você perguntar como aprendi a ser escritor, não tenho a menor ideia. Não foi na escola, isso eu garanto. Eu li um texto muito legal do Gabriel García **Márquez**, em que ele se dirige aos jovens que pretendem ser artistas. E uma das regras dele é: *Façam tudo ao contrário do que foi ensinado na escola.*

Gilberto – Sabe o que nos ajudou muito (me ajudou, pessoalmente)? Foi a Teoria da Relatividade,[14] que até hoje eu não sei. Mas soube que o **Einstein** era mau aluno. Isso me foi dito quando eu era pequeno. Que ele era débil mental, era tido como débil mental.

Rubem – Ele foi reprovado em matemática.

Gilberto – Depois soube que **Mozart**, Rabindranath **Tagore**, Carlos **Drummond de Andrade** e tantos outros foram...

Rubem – **Eisenhower** foi reprovado em Westpoint; **Hegel** tinha, no verso do diploma, a observação "fraco em filosofia".

Gilberto – Para mim, o Einstein era uma espécie de luz no fim do túnel, uma chance de salvação. Imagine eu, judeu, numa escola judaica, e o Einstein, o grande gênio da história da humanidade, considerado mau aluno. Se eu devo alguma coisa à Teoria da Relatividade foi a esperança na minha salvação. Aliás, mais velho, eu fui colhendo alguns casos de pessoas grandiosas que eram tidas por idiotas na escola. Li uma frase do **Goethe** em que ele diz assim: *Detesto qualquer informação que é dada, que aumenta minha instrução, mas não muda minha atividade.* Para ele, a informação tem de entrar e já significar

---
14. Hipóteses relativistas elaboradas por Albert Einstein no início do século XX.

alguma atividade. Certa vez, ouvi um educador dizer assim: *Pegue um superexecutivo e peça a ele um relatório sobre como mudar a empresa em que ele atua. Deixe-o trabalhando um ano nesse relatório. Ele faz o relatório. Depois, você diz a ele que só vai usar o relatório daqui a 15 anos, mas quer que ele memorize tudo isso, porque daqui a 15 anos ele será questionado sobre o que escreveu.* Na verdade, este é o problema da educação: o futuro. A gente sempre vai ser alguma coisa no futuro: dentista, médico, advogado, vestibulando. Então, eu volto ao ponto: O fato de ser mau aluno foi, para mim, o grande ato professoral. Como comunicador, fui obrigado a trabalhar com a ideia de que a informação tem de atingir a pessoa, respeitar o olhar do leitor, o que significa para ele, como se encaixa em seus sonhos, medos, anseios. Ao fazer um material educativo, eu sempre penso: *Como faço do ato de viver, do ato de sentir, o ato de aprender?*

Rubem – Gilberto, você falou sobre o Einstein. Por acaso, alguns dias atrás eu reli uma discussão simples, para leigos, a respeito da Teoria da Relatividade. Uma coisa absolutamente fascinante no Einstein é que ele era capaz de traduzir as ideias mais complicadas por meio de imagens. Coisas que não existem na realidade, pura fantasia. Por exemplo, ele tem um experimento em que demonstra que a gravidade e a inércia são idênticas. É um experimento tão simples na imaginação que você entende na mesma hora. Isso é um dos princípios fundamentais da comunicação. Isso foi uma coisa que aprendi (e também não aprendi na escola).

Experiência de confluência

Gilberto – Por que você virou educador?

Rubem – Tenho a seguinte teoria (eu disse só a teoria, pois não tenho provas para isso): todos nós nascemos com determinados saberes. A aranha nasce sabendo fazer teia, o caramujo nasce sabendo fazer a concha... Meu conterrâneo de Boa Esperança, Nelson Freire, é um dos maiores pianistas do mundo. Como é que isso aconteceu? Não foi porque lhe ensinaram. Foi-me ensinado a mim também. Não foi porque ele se esforçou. Eu também me esforcei. Por que ele e eu não? Há um salmo que diz: *Inútil te será levantar de madrugada e te afadigares por todo o dia porque Deus, àqueles que ama, dá enquanto dormem.* O Nelson recebeu enquanto dormia. Não nasci pianista. Acho que nasci educador. Descobri a delícia de comunicar ideias. Senti a delícia de ver os olhos fascinados dos alunos. Trata-se de uma experiência amorosa confirmada também pela tradição judaica. Porque a *Torá*, para dizer que um homem teve relações sexuais com uma mulher, diz: *... e ele conheceu a sua mulher e ela concebeu e pariu...* O conhecimento é uma experiência prazerosa. Não somente isso: é um prazer que engravida as ideias. Diz William Blake: *O prazer engravida. O sofrimento faz parir.*

Gilberto – É interessante, porque *conhecer*, do latim, vem de *nascer com*.

Rubem – Eu não sabia!

Gilberto – Só se conhece, de fato, alguma coisa quando nascemos com ela. Só entendemos a poesia quando nos emocionamos na descoberta de suas metáforas.

Rubem – Às vezes, as pessoas me perguntam: *Quem foi que influenciou você?* Eu digo: Ninguém. Não tenho memória de alguém que tenha me influenciado. "Influenciar", "in-fluir", fluir de fora para dentro. Minha experiência tem sido a de "confluência": duas correntes que se encontram, se reconhecem e se misturam. Sabe quando você tem duas taças de cristal? Elas estão em silêncio. Aí a gente bate uma na outra e elas reverberam sonoramente. Uma taça não influenciou a outra. Uma taça fez a outra emitir o som que vivia, silencioso, no seu cristal. Assim é a educação: um toque para provocar o outro a fazer soar a sua música. Essa é a teoria socrática da educação. **Sócrates** dizia que todos nós estamos grávidos de beleza, e que a tarefa do educador, como na história de *A Bela Adormecida*, é dar o beijo para despertar uma inteligência adormecida. Sabe quando foi que o escritor saiu da fundura onde estava e apareceu? Não foi resultado do estudo de literatura ou gramática. O escritor surgiu por razões paraescolares... A primeira foi a minha experiência como professor no Instituto de Filosofia, Ciências e Letras, da Unicamp. Foi o período mais infeliz da minha vida, depois do tempo que passei, ainda adolescente, no Colégio Andrews. Todos eram marxistas, ortodoxamente marxistas, religiosamente marxistas. Mas eu não era marxista, embora achasse **Marx** delicioso. Acontece que o Marx de que eu gostava não era o Marx cientista, era o Marx jovem. Fui marginalizado. Não fiz amigos. Não fui respeitado como intelectual. Nos círculos universitários, entre os professores, há algo que corresponde às notas. Notas são números que dizem o valor de alguém. Pois o que dá nota a um professor é se ele é citado. Quanto maior o número de citações, maior o seu valor. Houve um momento em que eu estava tão cheio de tirar más notas que eu disse para mim mesmo: *Chega! Não escreverei mais artigos científicos para os meus colegas. Escreverei artigos que as pessoas comuns entendam.* Foi nessa época que nasceu minha filha com um defeito facial. Hoje ela está muito feliz, é arquiteta e paisagista. Mas, quando ela nasceu, foi um grande sofrimento. E descobri, repentinamente, que as atividades intelectuais em que eu estava envolvido não tinham nada a me oferecer naquele momento de perplexidade intelectual. Resolvi, então, ainda na sala de espera da maternidade, que daquele dia em diante eu só escreveria coisas que tivessem a ver com a vida das pessoas. Isso tem a ver com poesia e humor, coisas que obrigatoriamente devem estar ausentes de artigos acadêmicos. Assim saiu para fora o escritor que dormia dentro...

Gilberto – Eu já era adulto e fui a um psiquiatra. Disse a ele: *Puxa, eu queria consertar essa minha incapacidade de focar as coisas, queria parar de desligar o telefone na cara da pessoa, achando que já havia terminado a conversa, de perder tudo, de ser desorganizado. De me dispersar, de falar várias vezes as mesmas coisas, de pular palavras nos textos que escrevo, de ficar com olhar perdido durante uma conversa com um amigo ou amiga.* Ele me disse: *Gilberto, você se virou na vida, não é?* E disse uma coisa que me fez entender um pouco como aprendo. *Você é tão acelerado que presta atenção em muita coisa ao mesmo tempo. É como uma criança solta numa loja de brinquedos. Só que você consegue fazer uma ligação entre essas coisas.* No auge do hipertexto,[15] com o *boom* da Internet, eu morava em Nova York. Foi um amor à primeira vista. Não me incomodava, muito pelo contrário, aquela forma não linear da informação, na qual se ia pulando de galho em galho em segundos. Era como eu sempre fui na escola e na vida, ia prestando atenção em mil coisas ao mesmo tempo: No gaiteiro, na Segunda Guerra Mundial, em Biafra, em **Bangladesh**, na pílula anticoncepcional... Mas a escola dizia assim: Você tem de prestar atenção nisto aqui.

---

15. Informações escritas em blocos de texto vinculados por remissões e não por encadeamento linear único, o que possibilita ao leitor escolher, entre os vários caminhos possíveis, aqueles que são de seu interesse.

É melhor fazer sorteio

Rubem – Na escola, os pensamentos devem aparecer nas horas certas. Há uma hora para pensar matemática. Passada a hora, soa uma campainha. É hora de pensar história. Passada a hora, soa uma campainha. É hora de pensar ciências... Mas o pensamento não funciona com hora marcada!

Gilberto – É como se fosse um controle remoto: você muda de canal, vai mudando de canal. Aí quando a escola diz para prestar atenção no *vovô viu a uva*, ou nas **Guerras Púnicas**, ou em **Troia**, ou, então, na história do Brasil, que era um amontoado de datas, nos afluentes do Tocantins, nos afluentes do Rio Amazonas...

Rubem – Juruá, Tefé, Purus, Madeira, Tapajós, Xingu... Você sabe disso?

Gilberto – Quando a escola vinha com isso, dizendo que eu tinha de saber os afluentes do Tocantins, do Amazonas, eu só dizia assim: *Eu não consigo*. Depois de uma certa idade foi que descobri que quando eu falava *não consigo*, tinha uma voz dizendo, *mas por que deveria conseguir?* Eu não tinha condições intelectuais para essa pergunta. Não era dado ao aluno o direito de questionar. Fui descobrir que não conseguia porque aquilo não tinha significado. Quando comecei a tomar conhecimento das teorias construtivistas, senti como se já tivesse todas aquelas teorias dentro de mim, porque já sabia que o aprendizado deve seguir o ritmo do aluno. Como comunicador, fazia o que vim a fazer depois como educador, desenvolvendo projetos experimentais: a informação só tem relevância se tiver significado para o leitor, o que exige intuir sobre o que ele já tem de bagagem, além da contextualização da notícia. Na verdade, acabei descobrindo que o comunicador é o professor sem sala de aula, e o professor é o comunicador que vê, cara a cara, seus leitores. Quando estou escrevendo livros didáticos ou elaborando currículos, tudo é centrado no aluno, porque são centrados em mim, ou seja, vejo aquele menino encantado pelo saber, mas desencantado pela escola. Vivemos uma eterna ditadura do currículo. E quem fixa o currículo? O currículo é arbitrário. As pessoas fixam o currículo na suposição de que aquilo vai ser usado no futuro para alguma coisa.

Rubem – O currículo não é arbitrário, não. Ele tem muita lógica. Você tem de pensar que o currículo é feito por burocratas escolhidos. Cada um é profissional de uma disciplina. E quando eles preparam o currículo, preparam para as suas disciplinas. É a lógica do burocrata. Para o burocrata tem um sentido. Só que não tem o menor sentido do ponto de vista do aluno.

Gilberto – Há dez anos essa conversa ia ser uma conversa engraçadinha, que talvez interessasse só a alguns pedagogos, professores. Mas hoje ela não é mais engraçadinha. Sabe por quê? Eu costumo dar palestras para executivos de grandes empresas, para empresários. Nesses encontros, muitas vezes eu pergunto: *Vocês sabem o que vai ser necessário saber daqui a cinco anos para continuar conduzindo suas empresas?* Eles dizem que não sabem. *E sabem o que os funcionários vão ter de saber daqui a cinco anos?* Eles não sabem. Eles só sabem de uma coisa: que não podem parar de querer saber. Isso eles sabem. E qual é a tradução disso? A tradução é que, se o indivíduo não for treinado para o tempo real, discernindo o valor da informação, ele estará perdido. As empresas já não querem mais o profissional, o aluno treinado para sistematizar o conhecimento passado, para usá-lo sabe-se lá quando. As escolas estão percebendo isso. Vão percebendo que alunos formados nas melhores escolas ficam desempregados.

Rubem – Isso também aparece na universidade, em situações muito específicas. Tenho uma grande amiga que era professora de neuroanatomia na Unicamp, Vilma Clóris de Carvalho. Aliás, ela escreveu um livro fascinante sobre a vida dela. Ela dava aula no primeiro ano e me dizia que seus piores alunos eram aqueles que haviam tirado as melhores notas no vestibular. Por quê? Porque ao explicar a complexidade das relações (pode ser isso, pode ser aquilo), eles sempre faziam a seguinte pergunta: *Mas qual é mesmo a resposta certa?* Aqueles alunos, além de aprenderem respostas, aprenderam também que há sempre uma resposta certa para cada pergunta. Esta é a resposta que deve ser colocada na prova. Em outras palavras: os exames vestibulares com questões de múltipla escolha – somente uma delas está correta – se tornaram, para eles, um paradigma do mundo. Há sempre uma única resposta certa! Essa é uma das raízes dos dogmatismos.

Gilberto – Você quer melhor exemplo disso? É só pegar os testes de vestibular sobre literatura. Sou favorável a tirar literatura do vestibular. Acho que pode ser um avanço para a literatura. Não se pode ensinar, pelos resumões, **Guimarães Rosa, Machado de Assis,** Clarice **Lispector**... É um crime contra o prazer da leitura. Os livros devem ser janelas e ao mesmo tempo espelho.

Rubem – Posso fazer uma sugestão mais radical? Por que não acabar com os vestibulares? Creio que o mal que eles fazem à literatura, eles fazem também às ciências.

Gilberto – *Capitu*[16] *traiu ou não traiu? Qual é a resposta correta?*

Rubem – Não tem sentido. E ainda há esse absurdo que são os resumos. Você já imaginou? Resumo é feito tocar a *Nona sinfonia* a 78 rotações para ser mais rápida. Minha sugestão, há muito tempo, é acabar com o vestibular. Você conhece a minha teoria a respeito do vestibular?

---

16. Personagem do romance *Dom Casmurro*, de Machado de Assis.

Gilberto – De que é melhor fazer sorteio?

Rubem – Sim, sorteio! Todo mundo ri quando eu falo em fazer o sorteio... Mas estou falando sério. Acho que se deve eliminar o vestibular. O grande problema do vestibular é o impacto que ele tem sobre as escolas retroativamente: os pais já começam a procurar as escolas que preparam o aluno para o vestibular.

Gilberto – E isso desde a pré-escola.

Rubem – Exatamente. Então, o que acontece? Quando se tem a ideia do vestibular já se começa a fazer a seleção: *Isso aqui cai no vestibular, isso não cai no vestibular.* O deleite da literatura cai no vestibular? Não, o deleite da literatura não cai no vestibular. O que cai no vestibular é a chatice da literatura.

Presente do futuro

Gilberto – O problema é que a escola é do futuro: forma futuros médicos, futuros jornalistas, futuros dentistas, e por aí vai. Esse comportamento, numa época com tanta inovação, tanta mudança, já não forma para nada. Ou se tem uma embocadura para trabalhar com o tempo presente como matéria-prima, sem perder a noção do clássico – não é só o presente; é o presente do presente, o presente do passado, o presente do futuro –, ou se está disfuncional na sociedade. No auge da minha carreira, tive a sorte de morar em Nova York. Fui convidado para ser acadêmico visitante da Universidade de Colúmbia e, depois, fiquei no *Board* (Programa de Educação e Direitos Humanos). Cheguei em Colúmbia com quase 40 anos, com livros publicados em inglês, com todos os prêmios (prêmios de Colúmbia, inclusive), com dinheiro no bolso, a coluna mais lida no Brasil... Eu me sentia o máximo. Cheguei em Colúmbia, 1995, Nova York, capital da globalização, Internet, biotecnologia, novos direitos... Imagina o que é chegar em Nova York, uma cidade que está baixando os índices criminais, e eu, um latino-americano, paulistano. Lá, comecei a ter contato com a faculdade de comunicação. Apesar de todos os meus títulos, concluí o seguinte: *Lamentavelmente, não estou preparado para o que* *está acontecendo*. Levei um banho de humildade, saiu o rei e entrou o plebeu em minha barriga. Em Colúmbia, vi o que eles estavam pensando e tramando sobre a informação do futuro. A cada 15 dias, havia um encontro chamado "Notícias do futuro" e chamavam os mais importantes fazedores de notícias para se reunir com um grupo de intelectuais. Era um grupo pequeno. Lá estavam: Bill Gates,[17] o dono do jornal *The New York Times*, a dona do jornal *Washington Post*. As principais cabeças do mundo estavam lá para falar sobre a educação do futuro. O que mais me chamava a atenção era o fato de a plateia, depois de 15 minutos, ter tantas dúvidas e certezas quanto os expositores. E qual foi a minha conclusão? Que hoje nós vivemos num jogo, no qual não sabemos a regra direito, mas sabemos que não se pode parar de jogar. Então, esse jogo não é para amadores do conhecimento, é para profissionais do conhecimento. Esse jogo é para quem tem a curiosidade na alma. Ou você é uma pessoa curiosa, que aceita esse jogo do *eu não sei qual a resposta correta* – talvez haja várias respostas corretas, como aquilo que você contou –, ou a escola torna-se disfuncional. Trabalhar na mídia dá uma noção exata dessa correria da inovação. Ainda nem conseguimos medir o impacto da TV aberta na imprensa escrita já temos de avaliar e encontrar respostas para o efeito da TV a cabo, da Internet

---

17. Empresário norte-americano, fundador e detentor acionário da Microsoft, um dos homens mais ricos do mundo.

e, daqui a pouco, da TV digital. Os leitores estão deixando os jornais, estão lendo outras coisas. Um executivo lê, pela Internet, quase tudo de significativo para os negócios dele. Mas a notícia estará impressa no dia seguinte nos jornais. Qual é, portanto, a utilidade do jornal? Esses desafios me fazem pensar o seguinte: mudou o parâmetro de produção de conhecimento no que se refere à quantidade e, em especial, à velocidade de sua transmissão. É só você ver o número de títulos da biblioteca do Congresso dos Estados Unidos, que triplica a cada dois anos, o que significa, teoricamente, que o conhecimento em livros triplica a cada dois anos. E como você vai formar o garoto? Como comunicador trabalhando com educação, me sobra uma visão: a escola só pode ser uma casa de gestão de curiosidades. Do contrário, ela não é funcional. Ou a paixão é o motor da escola, ou ela serve para pouco. Um médico, que nem é velho, me disse que quando ele se formou havia seis antibióticos usados no Brasil. Hoje, segundo ele, são mais de 2.500.

Rubem – Eu estava no médico que cuida da minha diabete e ele me disse que, há algum tempo, ele e um colega publicaram um artigo científico sobre o qual estavam absolutamente certos. Um ano depois, perceberam que tinha sido um amontoado de besteiras, que não era nada daquilo que eles haviam escrito.

Gilberto – O que talvez demorasse 30 anos antigamente.

Decifra-me ou te devoro

Rubem – Exatamente. Agora as transformações são tão rápidas... Para mim, talvez num viés um pouco diferente do seu, significa o seguinte: quando estou envolvido em comunicar, nem penso no futuro. Não estou pensando no que vou fazer para um empresário criar cabeça para administrar a empresa. Estou envolvido numa coisa que acho deliciosa e que é muito divertida: ensinar pelo prazer em si, mesmo sem estar pensando na sua utilidade. Estou brincando com um quebra-cabeça. Espalhei sobre uma mesa suas mil peças. Uma delícia, um desafio! Armar um quebra-cabeça é um paradigma do como o conhecimento acontece. **Kant**, na *Crítica da razão pura*, diz que o conhecimento começa quando submetemos o objeto a ser conhecido a um interrogatório. Nós o colocamos no pau de arara e lhe fazemos perguntas. Ele tem de responder. Mas acho que Kant estava errado num ponto. O conhecimento não começa num interrogatório. Ele começa quando, olhando para um objeto, sentimos que ele está a nos dizer: *Decifra-me ou te devoro!* Mas essa ordem do objeto, somente os curiosos a ouvem. É a curiosidade que nos faz fazer perguntas. É na curiosidade que o pensamento se inicia.

Gilberto – Você tem toda razão pelo seguinte: No mundo do mercado financeiro, o sujeito ganha um milhão de dólares e, se sente vontade, para. No mundo das invenções, o inventor que já podia parar não para. Pode ser autor da invenção mais extraordinária, mas continua pesquisando. Pouco antes de morrer, **Sabin** estava tentando inventar a vacina contra a Aids. A mesma coisa o **Salk**, que também inventou a vacina contra a poliomielite. O Drummond não parou de escrever depois de virar Drummond, o Caetano[18] não vai parar de ser Caetano...

Rubem – Você pode imaginar que um amante diga: *Agora eu vou me aposentar da minha função de amante?*

Gilberto – Só quando ficar impotente.

Rubem – Mas nem aí ele perde as esperanças. O amante é eterno! Nunca vai parar de procurar, de tentar. Há muitas maneiras de fazer amor... Penso nos professores que sonham com a aposentadoria. Não são amantes. Somente querem se aposentar os que sofrem com o seu trabalho. Quem tem alma de educador – quem ama ser educador – quer ser educador sempre...

Gilberto – Acredito muito na educação moral (não na moral e cívica). Educação moral é o seguinte: seu aluno ou seu filho acredita mesmo não no que você diz, mas no que ele vê, acredita no exemplo. Se vê o pai sendo íntegro, responsável, ele

---

18. Referência a Caetano Veloso, expoente da música popular brasileira.

tende a usar aquele critério. Agora, se ele vê o pai mentindo, escudando-se na retórica, as palavras se esvaem. Há um pesquisador brasileiro do MIT,[19] o Paulo Blikstein, que disse que um dos problemas do aprendizado é que o aluno não vê o professor aprendendo. Na verdade, o professor, teoricamente, ensina, mas não se mostrando aprendendo. Então, o aluno não tem o exemplo moral do professor aprendiz. Então, voltando à sua pergunta de quem me ensinou jornalismo, respondo que foram as pessoas que simultaneamente aprendiam com o jornalismo, que atuavam, que eram jornalistas. Na definição de Bliksten, o professor tem uma autoridade moral, pois ele é o aprendiz há mais tempo. *Puxa, esse cara é jornalista há mais tempo do que eu. Então, vou prestar atenção, porque ele está há mais tempo nessa atividade.* Aí vem o professor e pega as diversas matérias: química, física, matemática... e joga para o aluno. Não tem o ato do aprendizado. Não tem o ato da experiência do saber, da observação. Sabemos que não se aprende nada que não se tenha experimentado, que não se tenha observado. Não conseguiremos reter. Se pegarmos agora um teste de química, física, biologia, dado em vestibular, quem passa? Eu, por exemplo, não entro na faculdade de jornalismo. Mas se usarmos a química, a física, a biologia no seu campo de experimentação, certamente conseguiremos reter, se tiver, para nós, significado.

---

19. Sigla de Massachusetts Institute of Technology.

Rubem – Gilberto, você disse que se formos fazer um teste de química ou física, não saberemos... Então, voltando à questão do vestibular, o fato é o seguinte: se fizermos vestibular, seremos reprovados, os reitores e os professores das nossas universidades serão reprovados; os professores dos cursinhos serão reprovados, porque cada um só passará na sua disciplina. Os que fizeram as questões dos vestibulares serão reprovados, porque eles também só passarão nas suas disciplinas. Se todos serão reprovados, por que os alunos têm de passar no vestibular? Não há a menor razão para que passem no vestibular. Deixe-me retomar o que você disse. Achei legal! *O que se aprende não é o resultado; aprende-se no ato de aprender.* Isso tem a ver com aquele aforismo do Guimarães Rosa, de que *o real não se dispõe nem na saída nem na chegada...*

Gilberto – O que não se dispõe?

Rubem – *O real não se dispõe nem na saída nem na chegada, mas na travessia.*

Gilberto – O real? O que é o real?

Rubem – A coisa, a verdade...

Gilberto – A realeza?

Rubem – A realidade, a coisa...

Gilberto – Ah, o real!

Rubem – O real, a coisa... Não é o Real...

Gilberto – Não é a moeda... (risos)

Rubem – Voltando ao exemplo do quebra-cabeça. Como é que o jogo se inicia? Ele se inicia com um desafio. Aquelas peças espalhadas sobre a mesa, sem fazer sentido algum... É como se elas me dissessem: *Veja se você pode comigo!* Elas desafiam minha inteligência, minha paciência. Aceito o desafio e digo: *Eu posso com vocês*. Ato contínuo, meus sentidos e minha inteligência se põem a trabalhar. Olho o modelo, observo as peças. Não serei tolo de proceder por tentativa e erro. Observo linhas, ângulos, formatos, cores. Todas as vezes que tomo uma peça e tento encaixá-la estou fazendo uma hipótese. Na maioria das vezes, elas se provam erradas. Aí procuro uma outra peça que corresponda à forma que está na minha cabeça. E assim, aos poucos, o quadro vai tomando forma – o que é uma alegria. Pessoas há que fazem uma maldade com os quebra-cabeças. Depois de prontos, elas os colam num papelão para que suas peças nunca mais saiam do lugar. Assim fazendo, matam o brinquedo. O quebra-cabeça nunca mais poderá ser feito! O quebra-cabeça se transformou numa chegada. Deixou de ser travessia. Uma das coisas mais fascinantes na história da ciência foram as investigações que **Kepler** realizou, por 18 anos, a fim de determinar matematicamente as órbitas dos planetas. As três leis que ele enunciou podem ser aprendidas em poucos minutos. São o resultado. Quebra-cabeça pronto. Nada fazem com a inteligência. O fascinante foi o seu caminho ou, mais precisamente, os seus caminhos e descaminhos, por 18 anos. Seguindo os seus caminhos aprende-se não um resultado (para que saber o resultado, se ele se encontra escrito nos livros?), mas a arte de pensar. Caminha-se, pensando junto...

O prazer da incógnita

Gilberto – Uma das coisas que você apontou e que talvez possa causar um trauma durante o processo escolar é o seguinte. Para lidar com isso, é preciso lidar com um prazer, o prazer da incógnita. Ou bem você tem o prazer da incógnita ou você nunca vai ser um educador. A hipótese é a seguinte: Eu não sei no que vai dar esse quebra-cabeça. Não sei se vou conseguir fazer esse quebra-cabeça. Então, o que é a escola? A escola é o antiprazer da incógnita. Você pega um número de conhecimentos x, que está expresso em um número de apostilas e em um número de livros, que vai dar em um número de anos y. A resultante entre a linha dos anos e a linha do conhecimento é igual ao diploma, que é medido por testes. Isso significa o seguinte: *vou tirar a incógnita do meu mundo*. É como aquela história que você me contou a respeito de um professor que planejou os próximos dez anos de leitura.

Rubem – Acho que ainda não contei aqui, mas continue, eu conto em seguida.

Gilberto – Aqui, nós estamos tratando do seguinte: *qual foi a nossa história como aprendizes, a sua e a minha?* Nós tínhamos o prazer da incógnita. E a incógnita não era colocada em sala de aula. Ou seja, lá, o princípio era *se eu decorar, eu sei* – e não *se experimentar, eu vou saber*. Como isso não é incógnita e como não tínhamos o prazer da incógnita, intuitivamente buscamos a incógnita em outras coisas. Você sabe o que é a incógnita, de verdade? É exatamente a relação de quando se conquista uma mulher. Como a primeira noite em que vai ver o corpo dela se desnudando naquela contraluz. Para mim, a relação do conhecimento é como a relação da descoberta da mulher amada, ou da descoberta de uma grande música. Eu não consigo me esquecer, Rubem, da primeira vez que ouvi o quarto movimento da *Nona sinfonia*, de **Beethoven**. Até o terceiro movimento vai tudo bem, mas quando chega o quarto, parece que somos feitos de coração, dos pés à cabeça. Ou mesmo quando se lê uma poesia do Drummond, do Fernando **Pessoa**... Ou o indivíduo é um experimentador e tem o prazer da incógnita ou ele jamais conseguirá passar isso para o aluno dele.

Rubem – Vou contar, então, a história do professor e depois volto à questão da incógnita. Anos atrás, um professor universitário me contou que havia feito um programa de suas leituras para os 10 anos seguintes. Ele sabia exatamente quais seriam os livros que iria ler pelos próximos dez anos. Queria ser um erudito... Eu fiquei perplexo: *Meu Deus do céu! Será que ele não pensa que pode surgir algum imprevisto, alguma coisa mais interessante no caminho?* Não sei se ele cumpriu a promessa. Mas voltando ao assunto da incógnita... Se a questão é incógnita, então, no processo de conhecimento você sempre pode dar com os burros n'água. Faz parte da aventura chegar e dizer: *Estava errado*. Vou dar um exemplo. Uma pessoa se dedica à exploração de cavernas. Há uma bifurcação. Não sabe qual delas seguir. Assim, vai na sorte. Depois de muito caminhar, chega a um beco sem saída. Aquele corredor da caverna não leva a lugar algum. Ela volta e escreve à entrada da bifurcação: *Beco sem saída*. Essa informação é importante? É conhecimento? Importantíssima para os outros que virão depois dela. Conhecimento de que aquele caminho vai dar em nada. Aquelas palavras lhes pouparão trabalho. Um doutorando se propõe fazer uma pesquisa. Pesquisa durante cinco anos. Ao final de cinco anos, verifica que todas as suas hipóteses estavam erradas. Para mim seria perfeitamente válido que ele escrevesse, como conclusão de sua tese: *Depois de cinco anos de pesquisa verifiquei que todas as hipóteses estavam erradas*. Isso é conhecimento da mesma forma como as palavras *beco sem saída* são conhecimento. Mas nenhum orientador ou banca aceitaria uma conclusão dessas. Nas universidades, todas as teses são bem-sucedidas e as hipóteses são comprovadas.

Gilberto – Nunca conheci nenhum homem que tivesse falhado... Estava falando de Fernando Pessoa há pouco...

Rubem – Que tivesse tolerado porrada...

Gilberto – Nunca conheci uma tese de pós-graduação em que as hipóteses não tivessem sido confirmadas no final... (risos)

Rubem – O que é uma mentira. Porque não existe essa situação.

Gilberto – Você contou a história do seu conhecido, e achei exótico... Agora, o que acontece quando o garoto nasce e vai para a escola? Acontece o seguinte: *Olha, eu vou dizer o que você tem de saber nos próximos 15 anos.* É a mesma coisa. E agora é tudo apostilado. Ele vai ter de saber a equação de segundo grau no ano tal... A ânsia da escola é tirar a incógnita do processo educativo. Quanto menos incógnita, mais a prova vai ser feita, melhor ele vai fazer o vestibular e mais os pais vão aplaudir. Então, quais são os espíritos inovadores e realmente aprendizes? São aqueles que têm o prazer da incógnita. Aquele, como você apontou, que coloca o quebra-cabeça. E quem é o outro? É o indivíduo que planeja o que tem de saber para ser considerado um cara erudito... A palavra *alumni* vem de *sem luz*. Isso é o aluno, não é isso? *Alumni, não tem luz.* Então, essa é a visão que se tem do aluno. Se você pega a história do professor na humanidade, desde a ideia do livro, o que o professor fazia? Ele lia.

Rubem – Era o lente. Antigamente, a gente se referia ao professor como o lente.

Gilberto – Em inglês, *lecturer*, que pode ser traduzido como *conferencista*, é isso: a pessoa que lê.

Livros por quilo

Gilberto – Em função do livro, popularizado por **Gutenberg**, cria-se a escola. E a escola foi moldada do jeito que ela é em virtude do livro, porque havia um conjunto de conhecimentos para ser dado. O professor, então, ia lá e lia o livro. Ele era o dono do conhecimento porque lia o livro. E até hoje não se sabe usar o livro. O que o professor diz quando vai dar prova? Ele diz: *Agora fechem o livro*. É engraçado. As pessoas dizem: *Vamos aprender como usar o computador em sala de aula*. Eu digo assim: *Eu topo. Mas vamos ver antes como se usa o livro em sala de aula, que já tem 500 anos*. Porque o livro foi feito para você consultar. O livro não foi feito para você memorizar.

Rubem – Claro!

Gilberto – Tem até aquela sua história sobre um pintor... Como é mesmo aquela história que você conta sobre o cara que vê aqueles livros todos em sua casa?

Rubem – Eu até queria interromper você para contar esse caso. Eu estava fazendo uma mudança, então, peguei todos os meus livros e fiz com eles uma montanha no meio da casa. Um carregador chegou, viu aquela montanha de livros e disse: *Meu Deus! Deve ser muito difícil decorar tudo isso*. Porque essa é a ideia que se tem: quando você fecha o livro, você tem de saber o livro.

Gilberto – Não é só isso. Tenho um amigo, o Pedro Herz, que é o dono da Livraria Cultura.[20] Certa vez, foi anunciada uma fiscalização nas escolas particulares em que seria verificado se havia um determinado número de livros nas bibliotecas dessas escolas. E o Pedro recebia ligações assim: *Pedro, estou precisando comprar tantos livros*. E ele perguntava: *Mas quais livros?* E a resposta era: *Não importa quais. Preciso ter tantos livros*. Então, o dono dessa livraria teve a preocupação em escolher alguns livros adequados para os alunos.

---

20. Conhecida livraria da cidade de São Paulo, localizada na avenida Paulista.

As peças do quebra-cabeça

Rubem – Gilberto, deixa eu dar um pulinho para trás? Uma coisa que está me coçando é o seguinte: Lá, no início, você comentou sobre a sua perturbação mental e falou, de passagem, sobre hiperatividade. Tenho uma neta que está sendo acusada de hiperatividade, porque não consegue ficar quieta na sala de aula. Você olha para ela e vê que está explodindo de vida, explodindo de vitalidade, de afetividade. Ela acha que todas as coisas são fantásticas e, então, não aguenta ficar parada. E me lembrei de que, quando era menino, eu me levantava às cinco horas da manhã (não é brincadeira!) e começava a fazer barulho dentro de casa para o pessoal acordar. Para mim, o mundo era fantástico, então, achava um absurdo todo mundo ficar parado. Eu queria sair, passear, mexer nas árvores... Isso tem a ver com um hábito que tenho até hoje, que você mencionou: não consigo ficar pensando em uma única coisa. Na minha casa, vou fazer uma coisa, mas no meio do caminho penso outra. Vou para lá, vou para cá. Não consigo andar em linha reta, sabe? Então, fico pensando no caso da minha neta. Hiperatividade é uma doença? Quem define essa doença como hiperatividade é aquele que quer que as crianças sejam todas ovelhas, pensando sempre em uma mesma coisa. Na minha própria experiência, descobri que sou incapaz de escrever um livro tendo princípio, meio e fim, porque minha cabeça pula demais, ela muda de ideia o tempo todo. Por isso, o meu estilo é crônica. Crônicas são fotografias. A coisa aparece repentinamente, a curiosidade aparece repentinamente, e eu não tenho jeito de controlar a minha curiosidade. Sempre fiquei muito aflito com isso, até que me consolei lendo **Nietzsche**, que é o escritor que está mais próximo do meu coração. Nunca aprendi nada sobre Nietzsche na escola, absolutamente nada. Descobri por conta própria. E, lendo Nietzsche, encontrei: *A vontade de sistema é falta de integridade*. Eu fiquei consolado com isso.

Gilberto – O que isso quer dizer?

Rubem – Quer dizer o seguinte: quando se está lidando com a vida, são tantas as coisas que aparecem! São tantas as peças do quebra-cabeça, que é falta de integridade imaginar que você pode pegar todas as peças do quebra-cabeça e formar um grande quebra-cabeça como queriam fazer os filósofos alemães. A vida é permanentemente uma tarefa inconclusa que está se modificando o tempo todo.

Gilberto – Então, o que você coloca é o seguinte: que você pode ter o quebra-cabeça na sua mesa...

Rubem – Sim.

Gilberto – Mas viver é, simultaneamente, encontrar as peças do quebra-cabeça espalhadas pela sua existência e tentar encaixá-las. E a gente sabe que as peças nunca vão acabar de existir. Então é o prazer contínuo do quebra-cabeça. Voltando à questão da curiosidade que você coloca, veja como, de algum jeito, você está apontando como surgiu o escritor. No meu caso, tenho uma incógnita que é a incógnita da minha vida hoje: será que existe uma linguagem a ser descoberta que seja a interseção entre o comunicador e o educador? Ou seja, será que existe um tipo de profissão, de atividade, em que você junte, num novo jeito de educar e de comunicar, o papel do jornalista e do professor? Teoricamente, o educador tem de cuidar do processo cognitivo do educando. Então, ao dar aula, supostamente vai ter de medir se o aluno aprendeu ou não. É um atributo dele. Teoricamente, ele é bom ou mau professor pelo grau de produtividade da sala de aula. Seja lá o que for produtividade. O que é o comunicador? É alguém que comunica, mas não tem responsabilidade sobre o aprendizado. Tentamos facilitar o entendimento, mas depois não vamos medir. *Você leu minha coluna? Então, faça uma prova.* A minha questão é a seguinte: será que numa época em que você tem de lidar com tanto conhecimento num prazo tão curto, não é necessário que o comunicador tenha a preocupação de ensinar, e que o educador tenha a preocupação de trabalhar com a comunicação e saber comunicar? Será que há uma *linguagem* a ser descoberta nisso? Já não se consegue mais ensinar sem levar em conta a Internet, a televisão, o rádio, o jornal, ou seja, se você ensinar sem trabalhar com o tempo real você falha. Fico imaginando que, no futuro, o jornalista terá de participar de salas de aula virtuais para detalhar suas informações, contextualizando a notícia. Talvez esteja aí o diferencial de um jornalismo mais ligado ao leitor. Quando vejo o meu leitor, penso: *esse garoto está lendo uma série de livros que eu estou fazendo para a sala de aula: Cidadão de papel, Aprendiz do futuro.* Imagino que um dia ele vai ser meu leitor no jornal. Pode até ser uma abstração, pode ser que ninguém esteja lendo os livros, ou estejam achando um saco, e pode ser que não vá ler a *Folha de S.Paulo*, nem ouvir a CBN.[21] A ideia que tenho é que a redação de um jornal vai ter de ser uma sala de aula e a sala de aula vai ter de ser uma espécie de redação de jornal, em que as informações vão chegando, você vai traduzindo e depois vai explicando. Acho que a escola do futuro, de verdade, que faz do presente sua grande matéria-prima, é aquela que vai misturar a redação de jornal com a sala de aula e será uma grande casa de dúvidas, de curiosidades, de sonhos.

---

21. Sigla de Central Brasileira de Notícias. Emissora de rádio cuja programação é composta exclusivamente por programas informativos (noticiários, entrevistas etc.).

O aprendiz há mais tempo

Rubem – Gilberto, quando você formulou essa pergunta, sobre uma linguagem a ser descoberta, de intersecção entre comunicador e educador, não consegui entender direito o que você estava perguntando. Sempre achei que eu usasse essa linguagem que você dizia, que é entre a comunicação e a educação, porque, muitas das coisas que escrevo são para espicaçar a curiosidade. E, para espicaçar a curiosidade, aprendi, por minha conta, que não posso usar a linguagem científica. A linguagem científica não tem poder erotizante. Usando a sua imagem da mulher, é como se estivesse desnudando... Mas que machista! Acho que as mulheres também devem ter prazer no corpo dos homens.

Gilberto – Sim, mas eu não posso falar dos homens... (risos)

Rubem – Claro! A gente tem de falar da experiência da gente. Pois é! Uma coisa interessante: você definiu o educador como aquele que já aprendeu mais... Foi isso que você disse?

Gilberto – É o aprendiz há mais tempo.

Rubem – Aprendiz há mais tempo... Eu, quando estou com meu aluno, sei muito mais do que ele. Sei porque já li os filósofos gregos, já escutei mais música do que ele. Tenho alguma coisa que julgo preciosa e ele não sabe nada, não deseja nem tem curiosidade. E por que não tem curiosidade?

Porque ele nunca se defrontou com aquele objeto. Ele nunca leu **Platão**, nunca leu **Heráclito**, nunca meditou sobre o canto gregoriano... Mas eu já. Como, então, surge essa curiosidade por um objeto? Vejo aí um negócio importante, que é a mediação da personalidade do professor. De alguma maneira você precisa ter admiração pelo professor. Por exemplo, no primeiro ano de grupo escolar, a gente tinha uma professora chamada Dona Clotilde. Ela se sentava na frente da sala, desabotoava a blusa até a altura do estômago, enfiava a mão direita na blusa e tirava um seio maravilhoso lá de dentro. E nós, meninos de sete anos, estáticos, olhando para aquilo. Aí, ela pegava o nenezinho, filhinho dela, e botava no seio. Ela não sabia o que estava fazendo com a gente. Embora a gente não soubesse, o corpo sabia. Então, a gente ficava perturbado e, no final da aula, todo mundo queria carregar a pasta da Dona Clotilde, mas, ao mesmo tempo, ninguém queria carregar a pasta da Dona Clotilde. Isso tinha a ver com magia. Magia chamada de simpática. E o que é a magia simpática? É que as coisas que estão encostadas ficam sendo as mesmas.

Gilberto – Quando estava em Nova York, me convidaram para ver uma exposição da *Divina comédia*,[22] pela Internet, feita por garotos do Harlem.[23] Eram os garotos mais *barra pesada* do Harlem espanhol, do Harlem negro, e um grupo de professores

---

22. Obra mais famosa do italiano Dante Alighieri (1265-1321), escrita entre 1308 e 1321.
23. Bairro de Nova York, habitado essencialmente por negros.

decidiu ensinar Dante Alighieri no Harlem. Aquilo me parecia tão exótico como ensinar a dança do Punjab[24] na baixada fluminense. Fui lá. Os garotos mostravam uma página na Internet, explicavam Dante e todas as camadas do inferno e do paraíso e eu fiquei boquiaberto. Em cada camada eles pegavam ícones do mundo deles: **Gandhi, Luther King**... Então, questionei: *Mas como vocês conseguiram ensinar Dante aqui no Harlem?* Responderam-me: *Olha, em primeiro lugar, porque amamos Dante. Então, começamos a trabalhar com o Dante que existe dentro de cada um deles. Fizemos um traço de Florença com o Harlem. O Harlem passou por um processo de renascimento na época. Trabalhamos a questão da perseguição, da incompreensão... enfim, trabalhamos com os vários infernos e paraísos de cada um. De repente, o Dante ficou dentro de cada um deles.* Se você ensinar Shakespeare ou Machado de Assis dessa forma, as pessoas aprendem. O problema é que, como o educador, muitas vezes, não é um aprendiz, não acredita em si mesmo como alguém que aprende e também não pode acreditar no outro como alguém que aprende. O Brasil tem o que eu chamo de *síndrome do batuque*. Você deixa o garoto fazendo batucada e assim vão achar que ele faz alguma coisa. Isso acontece, sobretudo, com movimentos que cuidam de crianças pobres – faz ele batucar, porque aí todo mundo o vê batucando. E se está batucando, então, está ótimo. Por que não se pode trabalhar com Beethoven, com Mozart, com **Satie**? Por que não? Por que não com os clássicos? Porque, eu acho que, no fundo,

---

24. Estado localizado ao norte da Índia. É conhecido por sua variedade de danças típicas.

o professor não se sente um aprendiz há mais tempo. E como não acredita nele como um aprendiz, também não acredita no estudante. Como não cultiva a incógnita dentro dele, também não cultiva no estudante. Geralmente, o professor não é um curioso. Então, o círculo vicioso vai se formando.

Rubem – Mas, veja você: é a própria condição do professor, que sempre tem de dar o mesmo programa.

Gilberto – Todo ano?

Rubem – Todo ano. Isso é destruir completamente a curiosidade. Você falou do fascínio de ver o corpo nu da mulher... Não é só ver nu. É preciso que seja um *strip-tease*, que você vá vendo aos poucos. Isso que é excitante. Agora, o professor já deu aquele programa não sei quantas vezes.

Gilberto – Vinte anos.

Rubem – Ele vai repetir a mesma coisa. É uma chatice! Então, veja: há questões objetivas que fazem mal ao professor. O professor também é vítima. O professor é uma vítima...

Gilberto – Da chatice.

Rubem – Da chatice, da escola. Eu brinco que ele se parece com aqueles guias turísticos, que vão todos os dias mostrar o mesmo monumento para um grupo diferente: *Essa igreja foi construída em 1728. A sua influência é do barroco mineiro. O Aleijadinho fez isso...* Amanhã: *Essa igreja foi construída em 1728...* Chega o ponto em que você não aguenta mais, porque, aí, acabou a curiosidade.

Deimon

Gilberto – O que você coloca é importante. É a traição do conhecimento. Está lá o garoto na aula. Aí, *prim!* muda para matemática; *prim!* muda para biologia; *prim!* muda para física. É a lógica da fábrica. É a mesma coisa que estar ouvindo música e, agora, *prim!* muda para música sertaneja; *prim!* muda para *jazz*. Isso não tem nada a ver com saber. Eu li uma frase que afirmava o seguinte: *Olha, isso que a gente faz na escola só forma duas categorias: ou o obsoleto ou o vagabundo*. E o vagabundo ainda tem uma chance. Porque, se voltássemos para a escola hoje, eu seria o mesmo vagabundo de sempre, e você também seria, naquela escola, um vagabundo. Acho que não está certo. Graças a Deus que eu fui um vagabundo. Você já imaginou se eu acreditasse naqueles valores, se eu batalhasse, se eu falasse assim: *Eu tenho uma chance de aprender de outro jeito*. É só ver que os melhores alunos não são os melhores profissionais.

Rubem – Existe até um livro: *Na vida dez, na escola zero.*[25]

Gilberto – Ou seja, o que teoricamente seria indisciplina é, na verdade, a busca de uma disciplina interna. Você pega um

---

25. Obra de Terezinha N. Carraher, David Carraher e Analúcia D. Schliemann, publicada em 1996 pela Cortez Editora.

garoto tido como vagabundo na escola, mas que é baterista. Veja que ele fica oito horas tocando bateria. Pega quem pratica esporte: eles ficam dez horas fazendo isso.

Rubem – Todas as vezes que você precisa pedir disciplina é porque alguma coisa está errada. Quando o jovem está realmente fascinado pelo objeto, você não precisa pedir. Você não pede a uma criança: *Meu filho, vá brincar!* Por quê? Porque ele quer brincar. *Vá namorar!* Se o moço está apaixonado, você não precisa dar ordem para ele namorar, porque ele vai. Todas as vezes que você faz o pedido de disciplina, que quer impor a disciplina, é porque alguma coisa está errada na relação com o objeto.

Gilberto – Tenho 46 anos de idade e 25 de jornalismo. Entrevistei muita gente de sucesso: atores, cantores, políticos... E eu sempre quis saber por que alguém faz sucesso. Você falou do Nelson Freire... Por que o Nelson Freire faz sucesso? Descobri que não dá para saber. Deve ter alguma coisa meio divina, porque carisma deve ser uma marca divina que a pessoa traz dentro de si. Mas fui descobrindo umas coisas óbvias, umas cretinices que são tão óbvias que até livro de autoajuda consegue explicar. Descobri que a pessoa só faz bem aquilo de que gosta. Todo mundo que faz alguma coisa bem é porque gosta do que faz. O ato de gostar está ligado ao ato do conhecer e o ato do conhecer está ligado à curiosidade. Fora disso, cria-se o obsoleto, o desadaptado. Mas como alguém vai saber do que gosta? Volto àquela questão de que a escola só funciona se for lugar de experimentação, de curiosidade e que o professor só funciona se for um gestor de experiências, de curiosidades. E mais: a cidade deve ser incorporada à sala de aula. As aulas devem ser dadas também fora da escola, nos museus, cinemas, teatros, fábricas, oficinas. Eu acho, Rubem, que a gente vai ser como os judeus que saíram do Egito para surgir o professor liberto para uma educação baseada no aluno. Vai ter de errar 40 anos no...

Rubem – Deserto.

Gilberto – É! No deserto. Veja como é o aprendizado de uma criança – eu me lembro que, uma vez, a professora perguntou: *Por que os judeus erraram 40 anos no deserto?* Responderam: *Os judeus erraram porque não respeitaram a Deus.* E eu nunca mais me esqueci do verbo *errar*, no sentido de *errante*...

Rubem – Errante, o judeu errante... Tinha até um livro, não tinha?

Gilberto – A escola contemporânea que imagino é a que traz os valores e os sentimentos mais íntimos. Os gregos achavam que cada um tinha um conhecimento dentro de si e a esse conhecimento ou talento eles chamavam de *deimon*. Os gregos imaginavam que era como um bocejo, que ia lutando para sair. Se você cometesse alguns erros na vida, não era você quem os cometia, o *deimon* é quem estava fazendo você errar, com a finalidade de sair de dentro de você. Então, o que diria essa tese, por exemplo, sobre o fato de que você, Rubem, tenha tido uma experiência com a escola, que fez com que você se sentisse marginalizado? Diria que você tinha de viver uma experiência de marginalidade para ter um olho para o marginal.

Rubem – Um instantinho! Vou contar outra coisa mais. Para o resto da vida, para ter prazer em ser marginal. O **Eliot** tem um aforismo que eu acho fantástico. Ele diz: *Numa terra de fugitivos, aquele que anda na direção contrária parece estar fugindo.* Então, não é só amor pelo marginal, não. É um certo deleite, um certo prazer quase que sádico em estar do outro lado e, com a sua diferença, provocar coisas...

Gilberto – Mas você tem de ter uma solidariedade com o diferente...

Rubem – Claro!

Gilberto – Você tem de ser da turma do fundão numa certa época. O Gabriel García Márquez tem um conto em que ele está chegando na Cidade do México. O motorista de táxi pega uma contramão e quando vê os outros carros diz assim: *Mira señor: son todos locos.* É como acontece no conto *O alienista*[26] de Machado de Assis. Acho que tem um

---

26. Livro que conta a história de um médico, Simão Bacamarte, que constrói um hospício, no qual, pouco a pouco, vai internando todos os moradores da cidade, alegando que estão loucos.

DNA na alma que diz o que você pode ser. Algumas pessoas têm a sorte de esse DNA se converter em vida e outras não têm a mesma sorte. Um grande papel da escola atual é matar esse DNA da alma.

Rubem – Veja, Gilberto, as escolas estão ligadas ao vestibular. Quando o estudante chega ao momento de prestar vestibular, pergunta-se: *O que você vai fazer?* Quando se pergunta o que ele vai fazer, está se dizendo: *Dentro do leque de possibilidades oferecidas, a que você vai dedicar a sua vida?* Então, ele não tem opções. Quando eu era jovem, as opções eram (o pai dizendo para o filho): *Você tem toda a liberdade de escolher a profissão que quiser. O que você quer ser: médico, engenheiro ou advogado?* Era isso.

Gilberto – Entre os judeus, nem advogado pegava tão bem assim. O judeu advogado era o que não tinha dado certo como médico.

Rubem – Que coisa! Tinha de ser médico?

Gilberto – Tinha de ser médico. Jornalista, então, era um sinal de fracasso total.

Rubem – Na escola não existe lugar para a criança imaginar qual é o demônio, o *deimon* que está dentro dela, porque já está predeterminado que ela tem de escolher entre aquelas opções que estão lá. Mas há centenas, há milhares de outras possibilidades. Isso me impressiona demais. Agora mesmo acabei de receber um convite para uma exposição de um pintor, meu amigo, professor da universidade. A vida inteira ele foi professor de bioquímica. Depois que saiu da universidade, revelou-se um pintor absolutamente maravilhoso. Meu primo foi agrônomo a vida inteira. Ao se aposentar, ele pensou: *O que será que eu vou fazer?* E decidiu: *Ah, eu acho que eu vou brincar de tapeçaria.* Então, ele descobriu que já era tapeceiro há mais de 20 mil anos... Fez exposições até no Japão. Há possibilidades dentro da gente que são abafadas, precisamente porque já está dito que você tem de escolher. Fiquei sabendo que o filho de uma amiga resolveu entrar para a escola de palhaço. Você já imaginou o horror que terá essa mãe quando lhe perguntarem: *E o seu filho, o que é?* E ela: *Ele está estudando para ser palhaço.* Para muitos, essa profissão não é digna, então, está fora. Coitados dos moços: não podem escolher.

Gilberto – Olha as frases com as quais a gente cresce, na escola e fora dela depois. A primeira frase: *O que você vai ser quando crescer?* E essa posição de que você só é quando cresce. E a segunda, quando já estamos trabalhando: *Como você vai se virar quando se aposentar?* A pessoa fica com duas utopias: a de que ela vai ser alguma coisa quando crescer, e, quando cresce, como vai se virar para se aposentar. Você vive, então, em função de duas coisas mediocrizantes e impossíveis. Uma vez a Simone de **Beauvoir** disse o seguinte: *Olha, se você está planejando a sua aposentadoria, esqueça, que vai ser um inferno.*

Você vai estar broxa, você não vai conseguir viajar direito... Vai ser difícil embarcar no avião, vai ter de subir aquelas montanhas e não vai conseguir. Então, o ato de viver é o ato de descobrir o passado no presente e o futuro no presente. Um amigo meu, José Carlos Teixeira, disse uma coisa muito interessante. Ele disse que *educar para o presente é fazer com que o aluno viaje para o futuro, porque, assim, quando ele voltar para o presente com a memória do futuro, a vida dele vai ter significado.*

Rubem – Porque é presente?

Gilberto – Porque é presente.

Rubem – Na verdade, eu diria (isso é coisa de psicanálise): só existe o presente. Existe o passado, mas o passado só é real quando tem um lugar no presente. Porque somente assim ele engravida o presente. O futuro existe? Pode existir. Não sei como vai ser, mas pela fantasia ele se torna presente. E é justamente aí que surge a esperança, não é? Esperança, que é um negócio tão importante para a tradição de todo mundo. Porque é justamente quando você é possuído por uma imagem, por uma estrela do futuro. Mas só que ela não é futuro: ela é uma coisa que está no seu presente.

Gilberto – A filha de uma amiga minha é superdotada e não conseguia ir bem na escola. A menina começou a escrever um diário sobre o que é aprender numa escola. Na quinta vez que mudou de escola, a menina disse para a mãe: *Olha, mãe, eu só espero que essa nova escola também não atrapalhe meus estudos.*

Rubem – Ai, que coisa maravilhosa!

Gilberto – Eu tenho medo das burocracias em geral. Por conta disso, espero que a redação não atrapalhe a paixão que eu tenho pelo jornalismo, que a escola não atrapalhe a educação. Uma vez vi uma frase de um poeta, de um filósofo, que dizia o seguinte: *A morte é bonita, o que estraga é o defunto.* Quem sabe a gente esteja exigindo da escola uma coisa que é inumana? *Olha, eu não quero saber de incógnita, eu tenho medo é de morrer.* A maior incógnita que você tem é que você vai para o mundo da incógnita, isto é, vai morrer. Então, tudo que o homem faz, essa coisa do consumo, tudo certinho, aquilo que você falou, Rubem, do seu conhecido que planejou a leitura, significa: eu *quero tirar a incógnita da minha vida, pois a incógnita me incomoda.* Porque a grande incógnita é esta: *Vou morrer e não sei para onde vou; não sei o que vai acontecer.* E, também, *não sei de onde vim.* Parece que a grande tarefa do ser humano é tentar quebrar essa transcendência que há na incógnita.

Lá vêm os palhaços

Rubem – Existe um filósofo genial, nem sei se ainda é vivo: Leszek **Kolakowski**. Ele tem um ensaio maravilhoso chamado *O sacerdote e o bufão*, em que desenvolve a ideia de que toda sociedade é formada por esses dois tipos de pessoas. Ele usa essas palavras metaforicamente. O que são os sacerdotes? São sacerdotes aqueles que acreditam nas regras, são os burocratas que fazem as coisas acontecer. São os banqueiros, aquele pessoal que leva as coisas a sério. São os membros, vamos dizer, de poder do ministério do rei. Mas tem um que é o bufão, que é o palhaço. Ele não tem grande poder, mas é capaz de introduzir o riso. E, na medida em que introduz o riso, ele é capaz de quebrar as coisas rígidas para permitir que mudanças aconteçam. Por causa disso, acho realmente que é esperar demais a gente imaginar a escola desse jeito, essa coisa fantástica com que a gente sonha. Por causa disso, há uma tendência natural para a inércia, há uma busca de segurança. As pessoas detestam insegurança, por isso preferem aquelas religiões que têm todas as respostas...

Gilberto – Talvez o nosso papel, Rubem, seja alertar para a fraude.

Rubem – Sim.

Gilberto – E dizer: *Olha, isso que você está ensinando não é educação. Você pode até continuar na escola, mas...* Eu acho que, nesse nosso papel, talvez a gente nunca consiga mudar a escola. Talvez a escola seja uma instituição para acalmar o medo humano da incógnita. No entanto, a gente pode dizer: *Isso tudo é uma fraude!*

Rubem – Você falou em *denunciar a fraude* e me fez lembrar de uma história do **Andersen**, *A roupa nova do rei*. Você conhece a história?

Gilberto – Como é?

Rubem – Um rei era apaixonado por roupas, adorava roupas. Mas ele era um rei muito simplório. Um dia, dois espertalhões foram falar com o rei e disseram que eram capazes de produzir uma roupa tão maravilhosa, mas tão maravilhosa, que somente as pessoas muito inteligentes, as mais bem dotadas seriam capazes de ver. Os espertalhões queriam fazer essa roupa para o rei. Ele ficou encantado. Então os espertalhões foram lá, levaram os teares, e começaram a tecer... Nada. E teciam que teciam, e o rei foi lá. *Majestade, olha que cores lindas!* O rei não viu nada, mas, como sabia que somente as pessoas muito inteligentes veriam a roupa, disse: *Mas que coisa linda!* Aí ele mandou o ministro da Educação: o rei tinha visto, os homens tinham visto. O ministro da Educação viu. O rei foi mandando todos os outros ministros. Todos os ministros viram aquela roupa e acharam-na absolutamente maravilhosa. Então, se anunciou o dia em que o rei iria desfilar em praça pública com a tal roupa maravilhosa. E o rei peladão saiu às ruas. A banda de música tocando, todo mundo olhando e dizendo: *Oh, que roupa maravilhosa do rei!* E o rei continua, até que, um menininho, trepado no alto de uma árvore, diz: *O rei está pelado!* – Você não conhecia essa história?

Gilberto – Claro! Claro! Para saber se uma ideia é inovadora, basta ver se a maioria é contra, se mexe com os medíocres, que logo profetizam a inviabilidade do novo. O problema é que só depois vamos saber se aquela ideia é uma idiotice ou uma inovação. É tênue o limite entre o fracasso e o sucesso.

Rubem – É como o caso do sorteio para o vestibular; todo mundo acha que eu sou um idiota.

Gilberto – Por causa da burocracia e do excesso de bom senso e de senso comum, as corporações vão perdendo o ambiente inovador que as projetou. A maioria das pessoas tem bom senso. E a inovação tem de, necessariamente, ir contra o bom senso. É por isso que nós somos condenados a nunca reformar, de fato, as instituições e sempre ficar como bufões. Eu acho que o nosso trabalho deve ser meio palhaço, no sentido lúdico, de sempre ir contra o bom senso estabelecido.

Rubem – É verdade!

Gilberto – A gente vai às palestras, a gente fala mais ou menos bem, as pessoas gostam, as pessoas dão risada. No meu caso, já melhorou, porque antigamente riam nas minhas costas; mas, agora, riem na minha frente. Houve uma evolução enorme. Acho que nós fomos escolhidos para ser meio bufões do processo educativo. Nós falamos essas coisas todas e é óbvio que estamos certos, mas a razão pela qual conseguimos falar às pessoas é porque somos bem-sucedidos: livros publicados, prêmios ganhos... Quero dizer, não tenho diploma de palhaço, como o filho de sua amiga, Rubem. Contudo, somos meio palhaços e as pessoas gostam disso. Percebo isso naqueles seminários de educação, geralmente chatos. O educador e o pedagogo têm uma coisa fantástica: eles não conseguem sequer ser educativos com os textos deles, muitos são incompreensíveis. Os livros de pedagogia são incompreensíveis. Os textos são horrorosos. Retomando... Então, quando chegamos aos seminários: *Agora, pessoal, chegou o recreio, lá vêm os palhaços.*

Rubem – É isso mesmo, chegou o recreio.

Gilberto – Lá vêm os bufões. Aí chegam o Rubem Alves, Dimenstein, o Paulo Paixão...

Rubem – ... *Esses caras não são sérios!* – não é verdade?

Gilberto – Tem o recreio e todo mundo bate palma. Aí vão falar com o bufão. É como uma festa de criança. Depois: *Agora tira o palhaço que vai ter o bolo e nós vamos levar vocês* *para casa*. E os palhaços vão para casa até ter uma outra festa. Nesses seminários, a gente fala coisas que têm fundamento, mas o pessoal diz assim: *Puxa! Nunca teremos uma escola em que a base seja a experimentação, em que a incógnita não seja um empecilho e sim um estímulo para que você tenha, talvez, que estudar a vida toda.* Na nossa escola, o último dia de vida é igual ao último dia de aprendizado. Na nossa escola, o ato de viver é sinônimo do ato de aprender. Se você falar isso para um professor, ele dirá: *Estou aqui ensinando álgebra na minha apostila, que que tem isso com viver?* Acho que o fato de ter sido mau aluno me deu a vocação de palhaço comunicador. Mesmo como comunicador eu sou meio palhaço na minha categoria, já que, há anos, prefiro sempre ver o lado positivo de uma notícia. Nós aprendemos que a boa notícia é o fato trágico, o conflito, o impasse.

Rubem – Agora, na maldade psicanalítica, é uma espécie de vingança, não? Eu já tive essa experiência: *eu fracassei, mas, vejam, agora, eu triunfei a despeito de vocês*. Psicanaliticamente falando, é uma forma de se exercer uma vingança de uma maneira inversa: *Não precisei da escola para fazer o que faço.*

Gilberto – Pior do que *não precisar*, tive de matar a escola dentro de mim – como você tem de matar o seu pai para poder crescer – para poder exercer esse papel de palhaço educativo. Estou dizendo isso como alguém que veio do mercado de trabalho em empresas de ponta. Eu venho do mercado de trabalho e estou vendo o que as empresas demandam, o que elas querem. Se a escola não trabalhar diferente com a incógnita, ela não vai formar o indivíduo para o novo mundo do trabalho. E é aí que eu digo que é fraude. Da forma como o aluno está aprendendo, ele nunca vai gostar de Shakespeare, de Graciliano **Ramos**... Temos um processo de darwinismo educativo, no qual sobra quem sabe melhor relacionar informações, ideias, gerenciar a avalanche de dados fora de contexto. A pessoa não foi preparada para lidar com isso. É a mesma coisa: me coloca com um joguinho de computador na mão para brincar com o meu filho; eu não ganho nesse joguinho. Vamos partir do pressuposto imbecilizado da escola – *O que você vai ser quando crescer?* Se a escola diz que vai preparar, então, a escola precisa preparar o aluno para ser alguma coisa quando crescer. Suponhamos que eu concorde com essa escola; a pessoa vai ficar um tempão aprendendo, porque pretende ser alguma coisa quando crescer. Porém, o que estão ensinando não vai preparar ninguém, pois o aluno não vai conseguir ser um médico capaz de acompanhar as evoluções da biotecnologia, ou um físico capaz de acompanhar todas as descobertas da física quântica, ou um biólogo...

Rubem – É impossível acompanhar todos os conhecimentos. Por isso, é inútil armazenar conhecimentos que vão estar velhos dentro de dois anos. É no momento que sou desafiado que devo procurar o conhecimento e não simplesmente um arquivo que eu trago comigo. Essa coisa de aprender a procurar. Os professores ensinam saberes. Dão a matéria. Eu me lembro que na escola existia um sistema de pontos. Você alcançou o sistema de pontos?

Gilberto – Não.

Rubem – Você sabe o que é ponto?

Gilberto – Tem de pegar o ponto, não é?

Rubem – Não. O ponto era assim: você tinha um ponto (um texto) sobre rochas. Você tinha de decorar aquele ponto. A professora chegava: *Rubem, levante-se: rochas.* Então, eu tinha de dissertar sobre o ponto. Eu tinha um colega que se chamava Paulo... Eu me lembro como se fosse hoje... O pai do Paulo tinha uma oficina mecânica. O Paulo, desde criança, entendia tudo sobre metais, pois trabalhava com o pai. E tínhamos o ponto "metal". A professora disse: *Paulo: os metais.* Eu me lembro do olhar perdido do Paulo, tentando desesperadamente reconstituir o que estava escrito na folha do caderno. E da boca do Paulo só saíram duas palavras: *Dúctil e maleável.* Veja que coisa! Eu era um menino de nove anos. Fiquei tão horrorizado. Ele podia ter falado horas sobre metais... A escola não se interessa pelos saberes que a criança já tem.

O medo da incógnita

Gilberto – Voltando à nossa conversa sobre o medo da incógnita... A escola radicaliza o medo humano da incógnita.

Rubem – É verdade.

Gilberto – Porque para lidar com a incógnita você tem de saber que aquele seu quebra-cabeça vai ser desmontado. Você tem que lidar com a ideia de que a vida é uma incógnita. Minha terapeuta me disse o seguinte: *Gilberto, seu problema é prepotência.* E eu: *Mas como? Eu sou prepotente?* Ela continua: *Não, ao contrário, você não está compreendendo. Você não está aceitando a fragilidade do outro para lidar com a mediocridade. E ele tem direito de querer ser medíocre, de não querer inovar, e se você esperar aquilo daquela pessoa, você a está obrigando a ser uma coisa que ela não é.*

Rubem – Você está querendo obrigar a pessoa a ser alpinista, mas ela não quer ser alpinista. Ela tem medo, tem vertigem. É verdade. É um pouco de prepotência a gente querer que todo mundo voe. Nem todo mundo tem vocação para voar. Muitas pessoas têm vocação para andar na planície, talvez a gente precise ajudá-las.

Gilberto – Se tivesse de resumir minha visão sobre educação, diria o seguinte: o educador é o aprendiz há mais tempo e educar é ensinar o encanto da possibilidade. Isso, para mim, é a magia da educação. É quando você mostra o quarto movimento da *Nona sinfonia* de Beethoven e a pessoa vê um mundo diferente, ou pega uma poesia, uma música, uma equação, pega uma coisa da geografia... Isso é o educar! É quando você consegue abrir uma possibilidade, seja ela qual for. E quanto mais é encantado pelas possibilidades, mais você é, essencialmente, um aprendiz. Por isso, o professor aprendiz é aquele que também está junto com o aluno, com curiosidade de saber as coisas.

Rubem – A gente pode pensar em duas coisas que acontecem: uma delas é fechar. Quero dizer, quando você tem conhecimentos sedimentados, você tem conclusão – *claudere*, fechar, a conclusão: *Vamos amarrar agora... vamos amarrar as conclusões.* Fala-se muito em *fechar as conclusões*. Isso cria sistemas homeostáticos de equilíbrio, as coisas ficam equilibradas. A outra é abrir a porta e soltar o passarinho. E aí você não tem mais controle. É a mesma coisa que ter um filho. Ter um filho é soltar. O **Gibran** tem aquela peça muito bonita sobre os filhos, em *O profeta*,[27] na qual diz mais ou menos assim: *Vossos filhos não são vossos. Vossos filhos são flechas que o vosso arco dispara.* Só que ele está errado. Quando você dispara uma flecha, ainda que você não acerte o alvo, ela vai na direção do alvo. Então, eu corrigi o Gibran e disse: *Vossos filhos*

---

27. Obra de Gibran Khalil Gibran (1883-1931), publicada em 1923.

são flechas, que uma vez disparadas, transformam-se em pássaros que voam para onde querem. É exatamente esse inesperado que amedronta as pessoas...

Gilberto – Li uma frase nos Estados Unidos sobre o papel do educador – que pode ser o pai, pode ser o tio, pode ser qualquer pessoa. Dizia que o nosso papel, o papel do educador, é dar raízes para saber de onde a pessoa vem e asas para ela poder voar. Se o indivíduo tiver as raízes e as asas, sempre vai fazer da vida um ato criativo. Vai poder voar, mas saber também que a flecha pode voltar para a casa do pai algum dia. Porque ele tem um pai, um avô, uma referência histórica. No meu caso, quem me deu muita educação foi o judaísmo. Não teria conseguido chegar nesse nível de reflexão se não fosse a visão judaica da palavra, se não fosse essa visão da comunicação como processo educativo.

Rubem – Deus é o mistério sobre o qual nada se pode falar. Ele está além da palavra. O que temos é um horizonte inominável. Idolatria é pretender capturar o inominável numa gaiola de palavras para, assim, dominá-lo, torná-lo previsível.

Gilberto – Tenho uma sensação de que o problema do judeu com a educação é o mesmo problema que o judeu tem com o *marketing*. O judeu criou, ao mesmo tempo, a culpa e a primeira embalagem da história da humanidade. Quando Moisés desce com as Tábuas da Lei, está instalada a culpa.

E as Tábuas foram a primeira embalagem de que se tem notícia. Imagine se não viesse com aquelas duas Tábuas. As embalagens são procuradas até hoje, querem saber onde estão. Onde está a arca perdida? Estamos ligados à comunicação. Os mandamentos tinham de ser comunicados. E, depois, tínhamos de comunicar que não matamos Cristo, que não queríamos dominar o mundo, que o dinheiro não fazia parte de nosso sangue. Não é à toa que há tantos judeus trabalhando com a questão da educação e tantos judeus trabalhando com a questão da comunicação. Carregamos sempre esse peso do "povo do livro", da missão e da perseguição. Ser judeu é, para mim, não ser leve na vida. **Freud** afirmava que havia a inveja do pênis. Desconfio que o judeu tenha inveja do confessionário. Como deve ser leve pecar, falar algumas coisas para alguém, e se sentir limpo. O judeu não limpa o seu pecado, ele tem de ficar lá dentro. Quando era menino, eu via o confessionário e achava o máximo. Você vai lá, fala e sai *zerado*. Já imaginou em uma sinagoga poder, num domingo, fazer a maior barbaridade e, na segunda-feira, ir ao confessionário e sair *zerado* só por ter contado as coisas que se fez? Eu acho que foi por isso que criaram a psicanálise, porque precisavam criar um confessionário.

Rubem – Exatamente, Freud...

Gilberto – A inveja do confessionário criou a psicanálise.

Rubem – Isso também é uma questão dos protestantes. **Durkheim**, há muitos anos, fez um estudo sobre o suicídio. Naquela época, o país com maior índice de suicídios era a Suécia. Ele associou suicídio e protestantismo e propôs a seguinte explicação: o protestante é atormentado pela culpa, porque protestante tem de se ver diretamente com Deus. Não pode se valer de uma burocracia intermediária. Os católicos, ao contrário, têm uma interminável burocracia intermediária, que vai amenizando as coisas, e Deus nem fica sabendo.

Gilberto – E você negocia.

Rubem – Sim, você negocia... Dias atrás me veio a seguinte comparação. Católicos e protestantes moram num mesmo prédio. Esse prédio tem um *hall* chamado "Terra", onde vivemos. Nele tudo é provisório. O que importa é que esse *hall* é passagem para dois destinos. Um deles é o porão, onde há uma câmara de torturas chamada Inferno. O outro é a cobertura, um harém de delícias chamado Céu. A diferença entre católicos e protestantes, assim, nada tem a ver com o prédio em que vivem. A diferença está nas mediações. Os protestantes têm de lidar diretamente com o senhorio e os seus rigores implacáveis. Já os católicos se valem de uma burocracia imensa, onde se encontram os mais variados tipos de despachantes, desde são Longuinho, que faz seus favores a preço de pulinhos, até santo Expedito, que despacha no mesmo dia.

Existe uma grande semelhança entre a vida política brasileira e o mundo burocrático do catolicismo. Os católicos se viram melhor. Isso que disse sobre o protestantismo se aplica a um protestantismo cada vez mais raro. Os evangélicos, que muitos confundem com os protestantes, têm também uma burocracia clerical extraordinária...

Gilberto – Entre os judeus, o mais prestigiado (agora já não mais) para casar uma filha não era o homem rico, era o rabino. O rabino não é a ligação do homem com Deus. Ele não representa qualquer ligação especial do homem com Deus. O rabino é um educador, é alguém que estudou mais, é o aprendiz há mais tempo. É só isso que o legitima.

Rubem – *Mestre*. É a tradução que se tem, por exemplo, quando se fala *rabi, meu mestre*. Não é essa a tradução: *meu mestre*?

Gilberto – É um pouco isso. *Rabi, a pessoa que encaminha*. Deus não abriu concessionária, não abriu...

Rubem – Franquia.

Gilberto – O Deus judeu não tem franquia na Terra. Você que se entenda diretamente com ele. Tem uma lenda, um conto, muito interessante que é assim: o dia mais importante dos judeus é o *Yom Kippur*, que é o dia do perdão. A história é a seguinte: Na hora mais sagrada do dia mais sagrado, um camponês judeu, que não sabe rezar, entra na sinagoga. Então, ele dá um imenso assobio. Todos ficam perplexos, irritados, com ódio daquele homem que chega na sinagoga na hora mais sagrada e assobia. Todos querem expulsá-lo. O rabino, então, diz o seguinte: *Vocês estão enganados. Ele não sabe rezar. A única forma que ele tem de falar com Deus é assobiando. Nesse gesto, ele foi muito mais autêntico do que a gente que está aqui, intermediada pela palavra.* – Então, Rubem, a conclusão é que nós somos palhaços, não é?

Rubem – Palhaços.

Gilberto – Bufos que divertem as pessoas...

Rubem – Isso! Mas não só divertem...

Gilberto – É a hora do recreio dos seminários.

Rubem – Não é só isso, não é só divertir as pessoas... O palhaço tem uma função educadora.

Gilberto – Esclarecedora, não é?

Rubem – Esclarecedora. A psicanálise é meio bufa. O psicanalista está sempre perguntando: *Mas será? Mas será?* E está sempre tentando destruir ídolos. Nietzsche dizia que *não há nenhuma verdade que a gente veja que não seja recebida com uma gargalhada.* Quando a gente percebe as coisas a gente ri. Aliás, é interessante, na atividade de aprendizagem... Quando uma turma, por exemplo, está montando um quebra-cabeça, ao final – quando faltam poucas peças –, existe uma certa aposta para ver quem é que põe a última peça. Sempre tem um sem-vergonha que pega uma peça e fica com ela escondida, para ser o último. A hora em que se põe a última peça: *clac!* Acho que a escola e a aprendizagem têm a ver com isso, com o ato de resolver o quebra-cabeça, de desvendar o enigma... É uma experiência de felicidade e o palhaço faz isso, dá essa possibilidade.

Gilberto – Talvez a escola precise mesmo de pessoas que venham de fora dela e fiquem dando essa luz permanente. Eu acho que imaginar que a alma humana vai mudar e ter a sabedoria de incógnitas é ilusão. Mas também se essa luz da provocação morrer... Talvez através do "riso", o nosso papel seja falar o seguinte: *Olha, isso daqui é humano, mas ele pode ser ainda melhor.* E essa tarefa faz com que a gente nunca entre dentro da escola de verdade. Eu, tanto na comunicação, quanto na educação, fico o tempo todo alertando: *Olha, eu até te entendo.* E não aquela visão prepotente. *Até entendo, mas se você olhar um pouco para dentro a sua tarefa vai ser maior.* Depois, nesses seminários, acontece sempre a mesma coisa. As pessoas vêm me dizer: *Nossa! Você renovou o meu ânimo com a educação.* Não renovamos o ânimo, apenas colocamos o seguinte: *O ato de educar tem prazer, o ato de brincar com a incógnita tem prazer.* O professor vive isso que você falou: 25 anos ali com o mesmo programa. Claro, já sabe a resposta. Imagine assistir ao mesmo filme de suspense 25 anos.

Rubem – Muitas coisas nas escolas são negativas. Por exemplo, os programas, o tocar da campainha e mudar o pensamento de matemática para história... A criança é reprovada numa matéria e tem de repetir todo o pacote. Tenho uma lembrança muito feliz de um professor que me deu aula só um semestre no curso científico. Chamava-se Leônidas Sobrinho Porto. Ele tinha uma cara de bolacha redonda, tão simpático... Nunca pediu para a gente ler um livro. Ele chegava na sala e começava a falar sobre as obras literárias com paixão. Eu me lembro, como se fosse hoje, ele descrevendo o amor de Cyrano de Bergerac[28] por Roxana, e dizendo que o beijo era o ponto róseo – *le point rouge* – da palavra *aimer*, amar. Eu nunca me esqueci disso. Vendo o professor Leônidas falar apaixonado sobre literatura, eu fiquei apaixonado também.

Gilberto – Você sabe o que a escola representou para mim e que é o outro lado do que estamos falando? Inicialmente, a questão da vivência com vários garotos, que, de alguma forma, é insubstituível. Nessa vivência com outras pessoas – garotos, garotas –, há uma questão de encanto com a vivência: o pátio, as brincadeiras, tal. Para mim, apesar dessa coisa da escola, tinha também o fluir da cultura judaica, que dava um senso de utopia. Acho que o fato de ter estudado numa escola judaica, no meu caso em particular, teve um papel muito importante. Esse fluir do mundo vinha na escola. Isso eu reconheço. Eu recusava

---

28. Obra clássica do francês Edmond Rostand que conta a trajetória de Cyrano de Bergerac, um poeta e espadachim que viveu na França do século XVII.

muito aquele sistema do currículo, mas a escola tinha algo a mais: as palestras, os encontros... Eu ainda acho o seguinte: não é que a criança não goste da escola. Ela não gosta da sala de aula, mas da escola, geralmente, ela gosta.

Rubem – Ah, isso é verdade. Eu penso que a prova de que a criança gosta da escola seria ela chegar em casa e dizer: *Papai, mamãe, vejam o que eu aprendi hoje.* Isso não acontece. A criança gosta da escola não por aquilo que aprende, mas pelo convívio com os amigos.

Gilberto – Que é um aprendizado importante.

Rubem – Sim. É importante. Importantíssimo!

Experiências

Gilberto – Vou contar uma experiência minha com escola... Diziam-me que eu não podia pisar em uma certa escola de jeito nenhum, no mesmo bairro em que eu estudava. Era o Colégio Bandeirantes, que era tido como "puxado", difícil. E, por acaso, virei educador no Colégio Bandeirantes. Lá eu tive a chance de ajudar a montar um programa, que acabou virando a âncora do currículo de humanas. Dez professores davam uma única matéria, que era cidadania. Todo o conhecimento era sintetizado na Internet, quando ainda não havia Internet nas escolas. Eles faziam verdadeiras bibliotecas, trabalhando, de vários ângulos, a questão da cidadania. Além das aulas na escola, saíam para fazer pesquisa na rua e, mais ainda (e mais importante), tinham de ser monitores em escolas públicas, compartilhando o que aprendiam. Eu estava despreocupado com o vestibular. Houve um exame, e entre os dez *treineiros* (alunos da segunda série do ensino médio) primeiros colocados da Fuvest,[29] sete saíram desse programa. Estamos aqui falando da escola, mas, na verdade, há muito educador, vários heróis, que estão tentando *romper*

---

29. Sigla de Fundação Universitária para o Vestibular, responsável pelo concurso vestibular da Universidade de São Paulo.

em educação física, em matemática, em química, em física e estão tentando trabalhar com projetos. Eu acho que ainda é uma minoria, eles não representam a maioria no sistema, mas, em toda escola que vou, em todo seminário, sempre aparece um professor, uma professora que diz: *Olha, veja o que eu estou fazendo com literatura, veja o que eu estou fazendo com matemática, veja o que eu estou fazendo com química, com física...* Existem professores incomodados, tentando quebrar o padrão, então, muitos tentam trabalhar com projetos, com temas transversais, interdisciplinares, multidisciplinares. E, no Colégio Bandeirantes, que era uma escola fechadíssima para isso, pude, há algum tempo, construir um laboratório, que teve eficiência no vestibular. Parte do programa era o seguinte: que todo jovem fosse obrigado a ter uma atividade pública ligada ao conhecimento. O que eu quero dizer com isso? O jovem teria de dar aula de matemática, aula de português, aula de química, aula de Internet... Aprendi, por meio do trabalho no Colégio Bandeirantes e em várias experiências pelo Brasil, através das cidades e escolas Aprendiz, que o conhecimento é otimizado quando passa pelas seguintes fases: quando o conhecimento tem significado (isso todo mundo sabe); quando o conhecimento se converte em um projeto com começo, meio e fim e quando esse projeto pode ser publicizado. Em quarto lugar, que me parece o mais importante – esse é meu foco de preocupação –, é quando o aluno se sente responsável pela disseminação desse conhecimento, quando ele tem algum vínculo entre o que aprendeu e o que pode ensinar. Com todos os jovens que tenho trabalhado essas quatro fases – o conhecimento com significado, o conhecimento virando um produto, o conhecimento publicizado e o jovem responsável –, o nível de aproveitamento tem sido muito grande. Isso eu vi no Bandeirantes, depois, trabalhando nas cidades e escolas Aprendiz. Eu trabalhei com grupos de grafiteiros. O grafiteiro é totalmente fora do sistema. Com esse trabalho, ele passa a ser um agente comunitário de arte. Então, sabe bem o que está fazendo: *Isso que eu estou grafitando, agora, é para embelezar a cidade.* A mesma coisa foi a menina Esmeralda, com quem trabalhei. Ela era traficante de drogas, totalmente hiperativa no sentido mais grave. E aí ela fez um livro pensando em qual possibilidade? Na possibilidade de virar uma pessoa que modifica a sua comunidade a partir do livro. Ela queria fazer diferença com esse livro. Ela vai ordenando esse tipo de coisa, até que vai lá e muda a comunidade dela. Minha experiência diz o seguinte: Quando você consegue trabalhar com esses quatro níveis, tudo isso funciona. As escolas estão trabalhando parte dessas coisas. Há um pessoal que trabalha educação de projetos, outro que trabalha a educação com significado – que engloba todos aqueles princípios de inter, multi, transversalidade, ou então essa chamada transdisciplinaridade –, há aqueles que trabalham projetos de comunicação – que é teatro, documentário, fotografia –, e há também escolas abordando a questão do trabalho voluntário, divulgando que o aluno pode fazer diferença na comunidade em que vive. O que eu tenho experimentado é o seguinte: quando você consegue juntar esses quatro elementos em um único processo educativo e o jovem passa por essas quatro fases, ele tem um aproveitamento grande. Isso significa romper a questão feudal dentro da escola, ter de romper essa coisa de cada professor com o seu comportamento. Então, na minha experiência escolar, de um lado eu via essa coisa horrorosa mesmo, mas eu também via essas experiências... Uma experiência com um livro meu, *Cidadão de papel*, foi realizada por minha mulher, Ana Penido, em Salvador. Ela usou o livro e os meninos encenaram a peça com atores profissionais e, depois, fizeram dessa peça um trabalho de conscientização contra a violência. Apesar de toda essa crítica à escola, onde eu pude me meter com educação, desenvolvendo currículos, trabalhei com aqueles quatro estágios. Em Santos,[30] peguei uma escola em que os garotos, no final do ano, tinham de fazer livros escolares sobre a cidade. O livro devia ter várias linguagens: Internet, televisão... Esse livro tinha de ser adotado nas escolas. Acho que isso é trabalhar as responsabilidades todas. A gente fez aquela brincadeira do bufão... Acho que é brincadeira, mas

---

30. Município do litoral paulista, situado a 70 km da cidade de São Paulo.

também não é, porque, quando vamos aos seminários, os professores vêm falar com a gente: *Puxa, que bom que você está abrindo uma porta para a gente entrar.*

Rubem – A coisa que mais me dá esperança é andar pelo Brasil (eu viajo demais) e ver a quantidade de coisas incríveis que as pessoas estão fazendo. Vou dar um exemplo: no estado do Tocantins, a 400 quilômetros da cidade de Palmas, as crianças e os professores começaram a ficar preocupados com a situação dos velhinhos agricultores. Fizeram, então, um programa de interação entre crianças e velhos. A ideia era que os velhos contassem histórias para as crianças, que ensinassem as crianças a fazer brinquedos, que ensinassem brincadeiras de antigamente. As crianças, por sua vez, ensinariam coisas de computador para os velhos. Aí algo interessante aconteceu. Os velhos, com suas mãos duras da lavoura, que seriam incapazes de aprender a escrever, descobriram que no computador é muito simples: basta apertar uma tecla para que a letra *m* apareça. Ao apertar outra, a letra *m* fica grande. Ao apertar outra tecla, a letra fica colorida... Através do computador, eles começaram a ser alfabetizados pelas crianças. As pessoas inventam cada coisa... Acho isso fantástico.

Gilberto – Muitas escolas estão estimulando os alunos a fazer trabalho voluntário. Acho que trabalho voluntário deveria, digamos, "merecer" não nota, mas crédito escolar. A criança que é levada a trabalhar numa favela, numa creche, a trabalhar com idoso, como você coloca, Rubem, atinge um grau de aprendizado. Acho que um dos papéis da escola é transformar a comunidade em um processo educativo. É uma pena, mas há tanto material nas cidades que não é usado. Se a escola começar a quebrar seus muros e levar mais os seus alunos aos museus, aos cinemas, aos teatros, às exposições e se o professor puder orientar isso... Isso já acontece, mas se o professor puder dividir o tempo: uma parte na escola, outra parte transformando o que a cidade oferece em experiência educativa... Por exemplo: *Hoje nós vamos à ópera, não haverá aula de matemática*. E aí você vai ensinar o que é ópera. Isso implica, fundamentalmente, quebrar os espaços escolares, implica premiar o professor. Você colocou o professor como uma vítima e eu concordo. Por que se exige que o professor seja transdisciplinar, interdisciplinar, multidisciplinar, transversal, e não se dá tempo para que ele pesquise? Como é possível exigir de um professor que ele seja um autor, um inovador, se ele não tem tempo nem ócio para ser um transgressor do conhecimento? Se ele, no dia seguinte, tem de dar dez aulas? Acho que temos um processo de vitimização na educação em que o aluno é uma vítima e o professor é outra vítima. E a escola também passa a ser vítima de uma visão que a cidade tem do conhecimento. Porque o pai valida essa escola quando diz: *Essa escola vai fazer prosperar o meu filho. Essa escola faz passar no vestibular*. Essa coisa de pai progressista é uma mentira. O pai progressista vai até a hora em que a escola não coloca o filho na faculdade. Porque, se a escola começar a não colocar o filho na faculdade, o pai pega o Piaget e joga no lixo.

Rubem – Eu brinco, às vezes, que os pais são os piores inimigos da educação, porque eles não estão muito interessados na educação...

Eu não sei, estou aprendendo

Gilberto – Acho importante dizer que os professores estão cada vez mais incomodados – e é aí que a nossa conversa faz sentido além do, digamos, "divertimento". Eles estão cada vez mais preocupados com a indisciplina do aluno. Não com a indisciplina do que "faz zona", bagunça, mas do catatônico. O aluno não está ouvindo nada do que o professor está falando. O que o professor fala é tão distante do mundo dele... Como já não se tem regras punitivas como havia antigamente, e até porque existe essa coisa do neoconstrutivismo piagetiano, em que você tem de observar o ritmo, o professor fica lá, assim: *Puxa, não estou entendendo o ritmo do meu aluno.* O professor percebe que os alunos não estão prestando atenção ao que ele fala, que há um processo crescente de indisciplina, então, começa a perceber a necessidade de uma escola mais voltada ao significado, ao projeto, à publicização e à autoestima. Só que existe um grande buraco no processo educativo. Qual é o buraco? Não há faculdades de educação criativas, que sejam faróis, modelos. Antigamente, havia escolas de aplicação superinovadoras, faculdades de educação que tinham educadores que colocavam a mão na massa e não ficavam só fazendo teoria. Você sabe quem está cumprindo esse papel hoje, Rubem? São as ONGs.[31]

---
31. Sigla de Organização Não Governamental.

Rubem – Ah, sim!

Gilberto – São as ONGs que trabalham com meninos de rua, que trabalham com idosos é até mesmo fundações de bancos, que estão reinventando a educação. O que a gente precisa montar é um grande centro no Brasil de lugares em que se compartilhem as educações formais e informais. Vi meninos de rua aprendendo, tanto no Brasil quanto em Nova York. Foram me ensinar que a arte é uma forma de que o garoto trabalhe o seu planejamento de vida. Antigamente, você dava para um garoto de rua um quadro e ele tentava fazer na mesma hora. Agora, você ensina que ele pode fazer um pouco no dia seguinte e depois acabar... Há muito conhecimento sendo gerado na educação informal que pode trabalhar com a educação formal. Acho que está faltando corrente de transmissão. Os educadores vivem hoje o pior dos mundos: nem foram para aquela educação de projeto com significado e também não saíram da educação conteudista, e, ao mesmo tempo, ainda há a trava do vestibular.

Rubem – O Brandão fez um comentário certa vez: *Ô Rubem, você já notou que nada de criativo...* Sabe quem é o Carlos Rodrigues Brandão?

Gilberto – Não.

Rubem – Ele é um dos grandes educadores do Brasil. Ele disse: *Nada de criativo foi feito aqui no Brasil pelos pedagogos.* Anísio **Teixeira** não era pedagogo, Paulo **Freire** era advogado.

Gilberto — E o Fernando de **Azevedo** era jornalista.

Rubem — Tenho a impressão de que os pedagogos sofrem de um complexo de inferioridade. Porque a pedagogia, tradicionalmente, estava mais para as artes que para as ciências. Mas, na universidade, as ciências são sempre superiores. Existe, assim, um esforço para dar às disciplinas pedagógicas o estatuto de ciências. Pedagogia: as ciências da educação. Aqui se lida com conhecimentos científicos, sólidos, firmes...

Gilberto — Engraçado que a palavra *pedagogo* vem do grego. É o *escravo que conduz criança*. De alguma forma, isso voltou. Porque, pelo salário que o professor recebe, pelo pouco tempo de preparo de aula que tem, ele voltou a ser o *escravo que conduz criança*. Não é isso?

Rubem — É verdade.

Gilberto — Está na escola, trancado, tem de dar 40 horas de aula. Por mais que a gente tenha uma visão utópica da educação, acho que existem meios-termos. Agora, sabe o que descobri dando aula para professor? Que a coisa mais difícil é educar professor. Quando se tem um projeto, na escola, geralmente é superficial, desconectado das demais matérias.

Rubem — Eu estou convencido, pelo menos por enquanto, de que a curiosidade e a aprendizagem acontecem quando estamos lidando com um objeto. O corpo refuga diante de abstrações. As abstrações não são objetos erotizantes, isto é, elas não têm o poder, por si mesmas, de provocar o pensamento. Um exemplo simples: uma maçã. Uma maçã – símbolo paradisíaco da primeira provocação da curiosidade! – pode ser um objeto mitológico, literário, artístico, gastronômico, botânico, físico, químico, econômico, erótico. Um objeto é um centro de curiosidade a propósito do qual as mais variadas perguntas podem ser feitas. Os saberes, entidades abstratas, só têm sentido quando ligados a um objeto. Em si mesmos, desligados de objetos, falta-lhes o poder erótico de sedução. Um objeto ou um projeto é um lugar por onde cruzam os mais diferentes tipos de saber. Aqui acontece a interdisciplinaridade – que o próprio objeto ou projeto exige. Quando o ensino se baseia num programa, os professores das diferentes disciplinas se tornam detentores do saber. Eles sabem o que vão ensinar. Mas quando a aprendizagem acontece em torno de um objeto ou projeto, o professor deve estar preparado para o seu próprio não saber. O professor se vê, de repente, diante do não conhecido. Terá de aprender a dizer: "Isso eu não sei". Aqueles que não suportam a insegurança, é claro, preferirão continuar a dar os programas de sempre.

Gilberto – É porque faltam a eles a memória do futuro e o estímulo para pensar o futuro de verdade. Eles pensam o futuro não como um espaço de construção do conhecimento, mas um espaço de reprodução. Significa que o aluno tem de ver o professor aprendendo em tempo presente. É preciso haver dentro da escola espaços em que o professor esteja aprendendo coisas e que o aluno possa compartilhar isso.

Rubem – Gilberto, mas isso significa algo que é importante. É a mesma coisa dizer o inverso: é preciso que o aluno veja o professor ignorando, porque somente numa situação de ignorância ele está aprendendo. O professor precisa dizer *eu não sei* e não se envergonhar disso – é dessa situação que o professor que dá a matéria, dá o programa, está livre, porque ele sabe o programa. Essa liberdade de dizer *eu não sei, eu estou aprendendo* é algo que o professor precisa aprender, pois não saber é o início da aprendizagem.

Gilberto – Falo com um executivo de banco, presidente do banco, pessoas de empresas e pergunto o seguinte: Vocês sabem o que querem ser daqui a cinco anos na empresa? Eles respondem: *Olha, Gilberto, não dá para saber porque são tantas variáveis...* Não é mais como antigamente, quando as pessoas iam a um seminário e a informação tinha amplo prazo de duração. Um antibiótico era usado durante anos. Antigamente, um livro de referência era usado durante muitos anos. Vamos pegar um exemplo mínimo. A chegada dos homens à América. A cada semestre é divulgada uma teoria nova. Eu já desisti de tentar saber de memória. Antigamente era tão calmo, você pegava um trecho: *Saiu da África há tantos anos, passou o canal de Bering não sei quando, chegou aqui, tal, não sei o quê...* Agora, a cada ano, há uma teoria nova. Isso é o conhecimento. Não adianta esperar que as pessoas peguem os livros. E os livros vão envelhecendo. Eu me lembro que tinha livro que vinha de pai para filho...

Rubem – É.

Gilberto – Era como roupa, de irmão para irmão. O garoto usava e o livro vinha vindo. Você ia a um congresso e o congresso tomava um tempão. Tem uma frase de um Prêmio Nobel[32] de Física, da qual não me esqueci. A frase dele era assim: *A chance de você se manter empregado com o que você aprendeu na faculdade é matematicamente igual a zero.* É por isso que as empresas criam, cada vez mais, suas faculdades corporativas. O McDonald's tem a Universidade do Hambúrger, a Microsoft, a Universidade da Microsoft. E gastam fortunas nisso. O que se gasta hoje em reciclagem de executivos em qualquer lugar do mundo é uma fortuna. As escolas montam faculdades corporativas, os bancos têm faculdades corporativas... O que significa isso? Significa que eles não conseguem lidar e processar informações com essa velocidade. E aí é tão complicado... Por exemplo: hoje, o que uma propaganda de banco fala? *Vá a um banco que tenha um bom gerente.* Isso era do meu tempo de menino. Não estamos na era da informatização? Por que o gerente passa a ser fundamental? Porque descobriram que o humano precisa estar

---

32. Prêmio anual instituído por Alfred Nobel (1833-1896), inventor da dinamite, para personalidades que se destacam e prestam bons serviços à comunidade mundial.

lá. Então, muito bem! Para chegar a esse ponto eles tiveram de cometer muitos erros. Voltando àquele desafio da escola: se você vai ser uma coisa quando crescer, o que os crescidos estão dizendo? *Eu não sei.* Eles estão dizendo *eu não sei como vai ter de ser o banco daqui a três anos.* Se os crescidos não sabem, aquele currículo que foi montado em função do crescido não só é arbitrário como é obsoleto. É isso que está acontecendo, algumas escolas estão percebendo, e seus responsáveis devem pensar assim: *daqui a pouco, o pai vai saber que o filho dele fez a melhor escola, fez uma faculdade, mas está desempregado.* É um processo puramente darwinístico. Você, Rubem, chegou a essa visão por meio da paixão pela poesia. Mas essa poesia da educação tem um lado pragmático, é que nem o Balé Bolshoi:[33] você tem de ficar umas tantas horas fazendo, praticando. Daqui a tantos anos a menina pode ser uma neurótica, uma louca, mas, bem ou mal, ela está lá, dançando direitinho. O pior é você dar um Balé Bolshoi para uma criança e, depois, ela não poder usar, pois vai ter de ser jogador de futebol, vai ter de ser jogador de basquete.

Rubem – Nós estamos trabalhando naquela ideia de 50 anos atrás, da necessidade de ter diploma universitário. Antigamente, os pais estavam prontos para morrer quando a filha tirava o diploma de normalista ou quando casava.

---

33. Corpo de dança de Moscou, fundado em 1840 e, atualmente, com mais de 250 dançarinos.

Quando o filho tirava diploma, a vida estava garantida. Os pais continuam a ter essa ilusão. Em face do mercado fantástico de pessoas querendo fazer o curso universitário na esperança de garantias para a vida, acontece essa fantástica proliferação de faculdades, universidades e vestibulares. Mas não há emprego para todo mundo. O que se faz com essa gente?

Gilberto – Agora, a gente chegou a algo muito interessante: podemos criticar a escola, mas não há alternativa. E se há um papel para o educador, esse papel é trabalhar com o aluno a questão da possibilidade, da curiosidade. E se há um caminho para fazer isso, é fazer com que o mundo real tenha significado para o aluno. O professor tem de fazer essa ligação. Para fazer isso, o professor tem de ser mesmo um aprendiz. E como você coloca, Rubem, o aluno precisa ter contato com a ignorância do professor.

Rubem – Sim.

Gilberto – Talvez a escola do futuro seja a que tenha o laboratório da ignorância do professor. Um laboratório em que ele possa exercitar sua ignorância. Quando eu falo em valorizar o professor, não é dar só salário, é dar espaço remunerado para que ele se desenvolva como pesquisador.

Rubem – Mas que coisa fantástica! Você me deu uma ideia: um curso para ensinar ignorâncias.

Gilberto – A história das ignorâncias.

Rubem – Umberto **Eco** sugeriu a faculdade de irrelevâncias alternativas. **Lichtenberg**, que foi um filósofo do século XVIII e amado por Nietzsche e Murilo **Mendes**, dizia: *Hoje, se criam escolas e faculdades para ensinar os novos saberes. Eu sonho com o dia em que se criarão faculdades para ensinar a antiga ignorância.* Porque é preciso não conhecer para ter vontade de conhecer, de esquecer, de desaprender. Barthes, ao final de sua famosa aula inaugural, disse que se entregava a desaprender tudo o que tinha aprendido. Acho que foi **Cassirer** que disse que é muito mais difícil desaprender o aprendido do que aprender uma coisa nova. O aprendido se agarra na gente de uma forma terrível e é o aprendido que impede que eu aprenda uma coisa de uma maneira diferente. Então, é preciso desaprender o aprendido. Coisa da psicanálise: esquecer o sabido para se lembrar do esquecido. É preciso ter olho novo para ver as coisas velhas de maneira diferente.

Aprender errando

Gilberto – Quando se estudam personagens da história, qual é o foco? Pessoas de sucesso, os heróis. Errar não é visto como uma coisa educativa, mas só se aprende, errando. Todo mundo sabe que só se aprende fazendo bobagem. Para trabalhar essa noção do professor aprendiz, é preciso dizer o seguinte: *Por favor, erre, erre, erre. Só não repita o erro, mas erre*. Lá na Cidade Escola Aprendiz eu digo o seguinte: *Olha, pessoal, erre, erre. Vamos aprender com o erro*. Existe uma ideia de que o erro nos diminui. Estava lendo uma frase de Shakespeare que diz o seguinte: *As grandes quedas são o prelúdio das grandes ascensões e os grandes erros são o prelúdio, também, dos grandes acertos*.

Rubem – Vou dar uma informação sobre técnica pianística que é interessante: quando você está trabalhando uma passagem e, sistematicamente, erra uma nota, a técnica para se livrar do erro é tocar aquela passagem devagar, tocando propositalmente o erro. Porque, assim, você ganha controle sobre ele.

Gilberto – Estou convencido, pela minha vida pessoal, de que você não aprende com o acerto, você aprende é com o erro. Não foram poucos os erros que cometi nas minhas relações pessoais. Mais maduro, saí pedindo desculpas para os outros e para mim mesmo. Cometi erros com meus filhos, com meus pais, com minha ex-mulher. Errei na minha obsessão pelo trabalho, na minha entrega, muitas vezes destemperada, pelo sucesso profissional. Escrevi artigo sobre educação para a cidadania, mas nem sequer conseguia entender, nem ser entendido pelos meus filhos. Queria educar meu país, mas não era educador em casa. Foram vários erros, alguns maiores e, sobretudo, erros nas relações emotivas. Foi por esse grupo de erros que disse a mim mesmo: *Gilberto, chegou a hora de parar*. Eu passei um tempo querendo escrever difícil, mas descobri que o melhor jeito de escrever é uma forma tão simples, tão simples, que você pode passar as ideias mais complexas e a pessoa se sente compartilhando aquilo. Tentei fazer com a minha vida o que tento fazer com meu estilo de escrever. A frase tem de ser direta, tem de ser simples. Tenho de me esforçar para o indivíduo entender e compartilhar o conhecimento. Tive de errar muito escrevendo: errar, errar, errar, errar. Para concluir que a história da ignorância talvez seja mais pedagógica do que a história do acerto. Porque a ignorância pressupõe que você constate: *Cometi um grande erro*. E é verdade, o que de fato chama a atenção é que as pessoas que cometem erros produzem acertos.

Rubem – Só uma observação! Na ciência, a gente só pode ter certeza quando erra. Quando a gente acerta (isso é coisa do **Popper**), aquele acerto significa sempre *talvez*. Teoricamente, no futuro, aquilo que você achou certo vai ser questionado. Então, o suposto acerto é sempre *talvez*. Mas quando você chega ao fim da caverna sem saída, pode ter certeza de que não tem saída mesmo.

Gilberto – Quando você falou do *talvez*, me fez lembrar de uma coisa. A penicilina foi a descoberta mais importante do século passado. Por isso, estamos aqui, poderíamos estar mortos. Estava lá o Alexander **Fleming** pesquisando, pesquisando... Conta a lenda que ele deixou a janela aberta e da parte de cima, ou do teto, veio o mofo, caiu em uma tigelinha e, então, ele descobriu a penicilina. Li que a penicilina ficou sem aplicação durante dez anos. Ficou dez anos parada.

Rubem – Por que ele não atinou?

Gilberto – Se verificarmos a história de **Santos Dumont** é a mesma coisa. Ele inventou muitas coisas e nem mesmo registrou. Graham **Bell** disse que o telefone não ia ter função. Diziam que o mundo só teria capacidade para seis computadores. Existe um registro, do final do século XIX, feito pelo chefe de patentes dos Estados Unidos, em uma carta, que diz o seguinte: *Podemos encerrar esse departamento porque não há nada mais para ser inventado*. Fico vendo as invenções entre o prazo da descoberta e o prazo da aplicação. Hoje em dia, se você faz a penicilina, no dia seguinte já está no supermercado, para ser vendida. O papel ficou entre os chineses durante 600 anos... 600 anos. É cada vez menor o prazo entre a descoberta e sua aplicação e cada vez se descobre mais. É esse fenômeno da produção de conhecimento e da velocidade de produção do conhecimento que dá sentido à nossa conversa. Imagine, hoje, alguém realizar uma descoberta sobre o câncer e manter essa descoberta em silêncio por três anos, por seis meses, por um mês. No dia seguinte, os laboratórios já ganham dinheiro virtualmente apenas pela suposição de que essa descoberta vai dar dinheiro.

Rubem – Os americanos tinham receio dos pesquisadores japoneses, lá na Universidade de Princeton. E isso porque os japoneses tinham prazo para transformar a teoria em prática e levar os conhecimentos ao mercado como mercadoria. Houve, então, uma política de deixá-los de fora dos laboratórios, com medo de que eles se apropriassem das descobertas.

Gilberto – A era do conhecimento! É uma bobagem acharmos que vivemos na era do conhecimento. Na hora em que o cara inventou a pedra lascada, inventou a era do conhecimento. O que sempre mudou os homens foi o conhecimento. Qual a diferença do impacto das telecomunicações e do aprendizado da agricultura? Quando **Watson** criou a máquina a vapor, vivia a era do conhecimento assim como quando se criou a ovelha Dolly. A diferença é a velocidade com que esse conhecimento é transferido.

Rubem – Posso sugerir o inverso? Max **Weber** fazia uma observação a esse respeito: quando você vê, por exemplo, uma tribo, o índio, naquela tribo, sabe tudo o que é necessário para a vida dele. Sabe quem manda, quem é o pajé, quais são os remédios, como é que se faz a flecha, como é que se caça... Ele sabe tudo. Nós não sabemos nada. Eu não sei como é que o elevador funciona, não sei como a penicilina funciona. Nosso mundo ficou mágico. Sabemos que funciona mas não sabemos por quê.

Final

As conversas não têm fim. Assunto puxa assunto. Não há conclusões. Não há amarrações de conhecimento. As linhas ficam soltas... Terminamos a conversa com um comentário sobre as memorizações que temos de fazer para viver em nosso mundo. Se memorizamos códigos e senhas é porque sabemos que, sem eles, ficaríamos paralisados. Códigos e senhas são chaves. Mas, em si mesmos, não têm o menor sentido. Como o número do telefone da pessoa amada. O número não tem a menor importância. O que importa é a pessoa amada a que aquele número me leva. É uma boa metáfora. Santo Agostinho dizia que tudo no mundo se divide em duas feiras. A primeira é a Feira de Utilidades. Utilidades são saberes e competências que aprendemos não por causa delas, mas por causa de outras coisas. Como é o caso do número do telefone da pessoa amada, ou da chave que abre seu apartamento. Há centenas de números de telefones. Mas só aprendemos aquele que nos conduz ao prazer e à alegria. O prazer e a alegria são as grandes forças que nos levam a aprender. A segunda feira é a Feira das Fruições. Fruir é gozar, ter prazer em. Uma sonata de Mozart não me leva a nada. Um poema não me leva a nada. Um pôr do sol não me leva a nada. Se desejo essas coisas não é por causa de seu poder instrumental – como acontece com os saberes da primeira feira. Quando ouço Mozart, ou leio um poema, ou contemplo um pôr do sol, eu já cheguei. Experimento a beleza. Não quero ir a nenhum outro lugar. Os saberes da primeira feira são ferramentas, instrumentos. Meios para chegarmos ao lugar da beleza, da alegria e do prazer. Assim, a educação se constitui de duas partes: a aprendizagem das utilidades e a aprendizagem das fruições. Os saberes da primeira feira nos dão *meios* para viver. Os saberes da segunda feira nos dão *razões* para viver. Em que ordem? Primeiro vem o meu amor pela amada. É o amor que faz com que minha memória deseje memorizar o número do seu telefone. Primeiro o amor pelo poema. É o amor pelo poema que vai me provocar a conhecer a literatura. Primeiro o amor pelas estrelas e pelo enigma do universo. Será isso que me provocará a ser astrônomo... Assim, temos de perguntar: Isso que se tenta ensinar é objeto de amor dos alunos? Isso que se tenta ensinar é ferramenta para que os alunos atinjam o objeto amado? Acho que esse é o resumo. Tudo o que dissemos são variações...

GLOSSÁRIO

Andersen, Hans Christian (1805-1875): escritor dinamarquês, autor de diversas histórias para crianças. Entre seus contos mais famosos estão: *O patinho feio, O soldadinho de chumbo, A roupa nova do rei* e *A pequena sereia.*

Aprendiz: laboratório de pedagogia comunitária, instalado em São Paulo, SP, que busca transformar a cidade numa extensão da escola e vice-versa, visando gerar espaços educativos orientados pelo ideal da aprendizagem permanente. Iniciado em 1997, foi considerado uma referência mundial em educação pela Unesco. Mais informações podem ser obtidas no site www.uol.com.br/aprendiz

Azevedo, Fernando de (1894-1974): educador, sociólogo, crítico literário, historiador e humanista. Preocupou-se com reformas educacionais e pedagógicas. Participou da organização de universidades.

Bangladesh: país asiático tropical. O Estado foi formado em 1971 a partir de territórios que formavam o Paquistão Oriental. Desde a sua formação, o país viveu períodos de guerra, caos, conflitos étnicos, enchentes e fome.

Barthes, Roland (1915-1980): um dos mais importantes intelectuais franceses, foi professor e colaborou com diversos periódicos. É o responsável pela aplicação de métodos de análise originários da linguística aos mais diversos campos disciplinares. Entre outras obras, é autor de: *O grau zero da escritura* (1953), *Mitologias* (1957), *Crítica e verdade* (1966), *Sistema da moda* (1967), *O prazer do texto* (1973) e *Fragmentos de um discurso amoroso* (1977).

Beauvoir, Simone de (1908-1986): escritora francesa, companheira de Sartre, com quem partilhava a filosofia existencialista. Atingiu o grande público ao escrever um livro sobre os direitos da mulher: *O segundo sexo* (1948). Escreveu também *Os mandarins* (1954) e *Memórias de uma moça bem-comportada* (1958).

Beethoven, Ludwig van (1770-1827): compositor alemão, prodigioso e talentoso desde criança. Estudou com Haydn e Mozart. Surge com ele o romantismo musical alemão. Mesmo acometido de uma surdez repentina, deixou obras impressionantes: *Hammerclavier*, *Solemnis opus 12* e a *Nona sinfonia* são alguns exemplos.

Bell, Alexander Graham (1847-1922): inventor e físico norte-americano de origem inglesa. Seus estudos e pesquisas sobre a surdez o levaram à invenção do telefone. Foi o pioneiro em gravação de sons.

Biafra: nome dado à província oriental da República Federal da Nigéria durante a tentativa de secessão. Sitiada pelo governo central e impedida de receber ajuda externa, teve seus habitantes dizimados pela fome e deixou de existir em 1970.

Camões, Luís Vaz de (1525-1580): escritor português, é um dos maiores poetas da língua portuguesa e uma das maiores expressões da literatura épica universal. Sua principal obra foi *Os lusíadas,* publicada em 1572.

Cassirer, Ernst (1874-1945): filósofo alemão. Seus estudos sobre linguagem contribuíram para a moderna hermenêutica e as diferentes vertentes do estruturalismo. Tornou-se reitor da Universidade de Hamburgo em 1930, cargo ao qual renunciou depois da ascensão de Hitler. Exilou-se sucessivamente na Inglaterra, na Suécia e, a partir de 1941, nos Estados Unidos.

Drummond de Andrade, Carlos (1902-1997): um dos maiores poetas brasileiros. Em sua técnica, destacam-se o meticuloso domínio do ritmo, a invenção vocabular e a revalorização da rima. Sua temática é introspectiva e revela o sentimento que tinha pelo mundo. Foi também contista e cronista.

Durkheim, Émile (1858-1917): teórico social francês, reconhecido como um dos fundadores da sociologia. Em seus estudos, concluiu que, para explicar as taxas de suicídio, era preciso levar em consideração não apenas os aspectos psicológico e pessoal, mas também o social. Suas principais obras são: *A divisão social do trabalho* (1893), *O suicídio* (1897) e *As formas elementares de vida religiosa* (1912).

Eco, Umberto (1932-2016): escritor e semiólogo italiano, foi professor na Universidade de Bolonha e autor de ensaios sobre as relações entre a criação artística e os meios de comunicação. Entre suas obras estão: *A obra aberta* (1962), *Apocalípticos e integrados* (1964) e *Kant e o ornitorrinco* (1997). Em 1980, tornou-se mundialmente famoso com seu romance de estreia, *O nome da rosa*. Após oito anos, publicou *O pêndulo de Foucault*, que também foi bem recebido.

Einstein, Albert (1879-1955): físico e matemático alemão. Sua Teoria da Relatividade modificou definitivamente as ideias a respeito do espaço, do tempo e da natureza do Universo. Passou os últimos dias de vida tentando desenvolver um sistema matemático que incorporasse as leis da gravitação e do eletromagnetismo.

Eisenhower, David Dwight (1890-1960): general e político norte-americano. Teve sua trajetória marcada pelo combate ao comunismo e à segregação racial. Em decorrência da popularidade de que desfrutava, foi eleito presidente dos Estados Unidos por duas vezes consecutivas.

Eliot, T.S. (1888-1965): poeta, crítico, ensaísta e dramaturgo norte-americano, naturalizado inglês. Ganhou o prêmio Nobel de Literatura em 1948. Foi o escritor contemporâneo que mais conscientemente buscou, na tradição cultural do passado, o sentido de um tempo presente que fosse também futuro. Sua obra é clássica e moderna, revolucionária e reacionária, realista e metafísica.

Fleming, Alexander (1881-1955): bacteriologista escocês, ganhou o prêmio Nobel de Medicina em 1945 pela descoberta das propriedades bactericidas do fungo *Penicillium notatum* e pela sintetização da penicilina.

Flynn, Errol (1909-1959): ator norte-americano. Consagrou-se no cinema interpretando *Capitão Blood*. Especializou-se no papel de aventureiro.

Freinet, Célestin (1896-1966): educador francês, criador do Movimento da Escola Moderna e fundador de um novo modelo educacional que fazia oposição aos procedimentos clássicos de ensino. Atualmente, a pedagogia proposta por Freinet é seguida em mais de 43 países.

Freire, Paulo (1921-1997): educador brasileiro, estudou o processo de transmissão da língua e criou um importante método de alfabetização. É autor dos livros *Pedagogia do oprimido*, *Educação e realidade brasileira* e *Educação como prática da liberdade*.

Freud, Sigmund (1856-1939): médico neurologista e psiquiatra austríaco, fundador da psicanálise. Defendia a tese de que há uma relação entre histeria e sexualidade e de que a histeria não era exclusiva da mulher. Descobriu ainda a relação entre os traumas sofridos na infância e os sintomas da histeria. Sua obra é objeto de questionamentos, mas, inegavelmente, é ainda muito influente.

Gandhi, Mahatma (1869-1948): estadista indiano, líder espiritual e nacional, dedicou-se a lutar contra a opressão e a discriminação colonialista britânica. Desenvolveu a política da resistência passiva e da não violência. Liderou o movimento pela independência da Índia em 1947. Morreu assassinado por um antigo seguidor.

Gibran, Gibran Khalil (1883-1931): pensador, poeta e romancista libanês radicado nos Estados Unidos. Autor de obras de grande aceitação popular, fortemente marcadas pelo misticismo oriental e influenciadas pela *Bíblia*, por Nietzsche e por Blake. Seus temas são: o amor, a morte e a natureza.

Goethe, Johann Wolfgang (1749-1832): poeta e dramaturgo alemão. É um dos nomes mais importantes da literatura alemã. Seu trabalho reflete o desenvolvimento das observações colhidas ao longo da vida, marcada por sofrimento, tragédia, ironia e humor. *Fausto*, livro escrito a partir de 1774 e concluído em 1831, é sua obra-prima.

Guerras Púnicas (246-146 a.C.): série de três conflitos armados entre Roma e Cartago, no norte da África, que culminaram na destruição total do Estado Púnico.

Guimarães Rosa, João (1908-1967): ficcionista e diplomata brasileiro, destacou-se a partir da publicação de *Sagarana* em 1937. Sua obra é marcada pela invenção e pela inovação vocabular. Entre as principais obras destacam-se: *Grande sertão: Veredas* (1956) e *Primeiras estórias* (1952).

Gutenberg, Johannes (1400-1468): mestre gráfico alemão, foi pioneiro no campo da imprensa gráfica. Dedicou-se à fabricação de caracteres móveis, inventando a tipografia. O primeiro livro impresso por Gutenberg foi a *Bíblia*, com uma tiragem de 180 exemplares.

Hegel, Georg Friedrich (1770-1831): filósofo alemão, defendia uma concepção monista, segundo a qual, mente e realidade exterior teriam a mesma natureza. Acreditava que a história é regida por leis necessárias e o mundo constitui um único todo orgânico.

Heráclito (550-480 a.C.): filósofo grego. Sua filosofia se baseia na tese de que o Universo é uma eterna transformação, onde os contrários se equilibram.

Holocausto: designação dos 12 anos de perseguição nazista contra os judeus durante a Segunda Guerra Mundial.

Kant, Immanuel (1724-1804): filósofo alemão, suas pesquisas conduziram-no à interrogação sobre *os limites da sensibilidade e da razão*. A filosofia kantiana tenta responder às questões: Que podemos conhecer? Que podemos fazer? Que podemos esperar?

Kepler, Johannes (1571-1630): astrônomo alemão, foi o primeiro a descrever precisamente as órbitas planetárias, afirmando que estas não eram circulares, mas elípticas. Kepler também realizou pesquisas e descobertas em óptica, física geral e geometria.

Kolakowski, Leszek (1927-2009): filósofo polonês que contribuiu para a emergência do marxismo humanista nas décadas de 1950 e 1960. Foi professor de História da Filosofia na Universidade de Varsóvia até 1968, quando foi expulso pelo governo polonês, acusado de corromper politicamente os estudantes. Tornou-se, então, pesquisador sênior do All Souls College (Oxford) e professor na Universidade de Chicago.

Lichtenberg, Georg (1742-1799): escritor alemão, um dos inovadores no domínio das pesquisas psicológicas do inconsciente.

Lispector, Clarice (1925-1977): escritora nascida na Ucrânia que se fixou no Brasil. Em sua obra predominam a introspecção e os conflitos psicológicos. É autora de: *Laços de família* (1960), *A legião estrangeira* (1964) e *A hora da estrela* (1977).

Luther King, Martin (1929-1968): pastor batista norte-americano e líder de movimentos pelos direitos civis dos negros. Organizou, em 1963, uma marcha pacífica que contou com a participação de 200 mil pessoas. Ganhou o prêmio Nobel da Paz em 1964. Foi assassinado na cidade de Memphis (EUA), em 14 de abril de 1968.

Machado de Assis, Joaquim Maria (1839-1908): escritor brasileiro, de origem humilde, é considerado um dos maiores escritores da língua portuguesa. Foi responsável pela fundação da Academia Brasileira de Letras. Entre suas principais obras estão: *Memórias póstumas de Brás Cubas* (1881) e *Dom Casmurro* (1900).

Makarenko, Anton S. (1888-1939): pedagogo soviético, responsável pela organização de uma colônia para menores delinquentes.

Márquez, Gabriel García (1928-2014): escritor e jornalista colombiano, figura central do movimento literário denominado *realismo fantástico*. Ganhador do prêmio Nobel de Literatura em 1982. Duas de suas principais obras são: *Cem anos de solidão* (1967) e *Crônica de uma morte anunciada* (1981).

Marx, Karl (1818-1883): cientista social, filósofo e revolucionário alemão, participou ativamente de movimentos socialistas. Seus estudos resultaram na obra *O capital* (1867), que exerceu e ainda exerce influência sobre o pensamento político e social no mundo todo.

Mendes, Murilo (1901-1975): poeta brasileiro, inicialmente filiado à corrente modernista, irreverente e satírico. Converteu-se, posteriormente, ao catolicismo, passando a escrever poesia de acentuado caráter religioso.

Montessori, Maria (1870-1952): médica e educadora, nascida em Roma, desenvolveu um sistema de ensino que procura estimular o potencial criativo do aluno, favorecendo a educação dos sentidos e a tomada de decisões.

Mozart, Wolfgang Amadeus (1756-1791): compositor austríaco cuja música é uma das mais apreciadas e respeitadas entre os compositores. Sobressaiu em todos os campos da composição musical, produzindo importantes obras.

Nietzsche, Friedrich (1844-1900): filósofo alemão, destaca-se pela extraordinária qualidade literária de seus escritos com conteúdo filosófico. Elaborou críticas devastadoras sobre as concepções religiosas e éticas da vida, defendendo uma reavaliação de todos os valores humanos.

Pessoa, Fernando (1888-1935): poeta português, de família burguesa, atribuía a três principais heterônimos (Alberto Caeiro, Álvaro de Campos e Ricardo Reis) a autoria de suas poesias. Sua única obra publicada em vida foi *Mensagem* (1934).

Piaget, Jean (1896-1980): psicólogo e pedagogo suíço, responsável pela mais abrangente teoria sobre o desenvolvimento intelectual (cognitivo). As ideias de Piaget e o ensino baseado em suas descobertas vêm influenciando o planejamento do currículo escolar e os educadores contemporâneos.

Platão (427-347 a.C.): filósofo grego, discípulo de Sócrates. Afirmava que as ideias são o próprio objeto do conhecimento intelectual. O papel da filosofia seria libertar o homem do mundo das aparências para o mundo das essências. Platão escreveu 38 obras; por causa do gênero literário predominante adotado, essas obras fizeram-se conhecidas pelo nome coletivo de *Diálogos de Platão*.

Popper, Karl (1902-1994): filósofo britânico de origem austríaca. Para ele, o que é próprio de uma teoria científica é a *falseabilidade* (possibilidade de ser empiricamente refutada). Foi influenciado pelo ambiente cultural da Viena do início do século XX, momento de emergência de uma corrente filosófica que viria a ter impacto mundial: o neopositivismo. Principais obras: *A lógica da investigação científica* (1935), *A sociedade aberta e seus inimigos* (1945) e *Conjecturas e reflexões* (1963).

Ramos, Graciliano (1892-1953): escritor brasileiro, participou ativamente da política, tendo sido prefeito de Palmeiras dos Índios (AL). Era filiado ao Partido Comunista e chegou a ser preso por questões políticas. É um dos escritores mais divulgados no exterior. Principais obras: *São Bernardo* (1934), *Vidas secas* (1938) e *Memórias do cárcere* (1953).

Sabin, Albert (1906-1993): médico e microbiologista polonês, naturalizado norte-americano. Tornou-se famoso por ter desenvolvido a vacina oral contra a poliomielite. Realizou também relevantes estudos sobre viroses humanas em geral, toxoplasmose e câncer.

Salk, Jonas Edward (1914-1995): médico e epidemiologista norte-americano, criador da primeira vacina contra a poliomielite. Realizou pesquisas sobre o câncer e a esclerose múltipla. Trabalhou na sede da Immune Response Corporation, onde iniciou uma pesquisa sobre uma vacina contra a Aids. Apesar de sua imensa contribuição à medicina, Salk nunca recebeu o prêmio Nobel.

Santos Dumont, Alberto (1873-1932): inventor e aeronauta brasileiro, realizou notáveis voos em balões por ele idealizados. Fez o primeiro voo do mundo em um avião, do qual é considerado o inventor.

Satie, Erik (1866-1925): compositor francês, dos mais controversos da história da música. Foi desprezado pela maioria dos críticos e compositores de sua época. Gênio precursor de uma nova forma de entender o universo sonoro, era excêntrico e irreverente. Em 1918, escreveu sua obra-prima, *Socrates*, drama sinfônico, para quatro sopranos e pequena orquestra, com textos de Platão, de uma austeridade extrema.

Sócrates (470-399 a.C.): filósofo grego, não deixou obra escrita. Seus ensinamentos são conhecidos por fontes indiretas. Praticava filosofia pelo método dialético, propondo questões acerca de vários assuntos.

Tagore, Rabindranath (1861-1941): escritor indiano com extensa produção poética. Foi premiado com o Nobel de Literatura em 1913. Principais obras: *O jardineiro, O carteiro do rei* e *Pássaros perdidos*.

Teixeira, Anísio (1900-1971): educador brasileiro, desempenhou importante papel na orientação da educação e do ensino no país. Entre as muitas funções que exerceu, foi secretário geral da Capes, diretor do Inep e reitor da Universidade de Brasília. É autor de obras como *Educação para a democracia* (1936), *A universidade e a liberdade humana* (1954) e *Educação não é um privilégio* (1956).

Troia: cidade a noroeste da Ásia, que foi palco da guerra com os gregos, ocorrida entre os séculos XIII e XII a.C.

Vygotsky, Liev Semionovitch (1896-1934): psicólogo, filólogo e médico, dedicou-se a temas como pensamento, linguagem e desenvolvimento da criança. De sua extensa obra, destacam-se: *Pensamento e linguagem* (1934) e *A formação social da mente*.

Watson, James (1736-1819): engenheiro e mecânico escocês, aperfeiçoou a máquina a vapor do inglês Newcomen. A utilização da máquina de Watson causou grande impacto na organização do trabalho e na instalação de fábricas. Em 1800, Watson recebeu um título de honra da Universidade de Glasgow.

Weber, Max (1864-1920): sociólogo alemão, defendia a busca da neutralidade científica na vida acadêmica. Realizou amplos estudos de história comparativa e foi um dos autores mais influentes no estudo do capitalismo e da burocracia. Entre outras obras, é autor de *A ética protestante e o espírito do capitalismo* (1905) e Economia e sociedade, publicada postumamente, em 1922.

Especificações técnicas

Fonte: Adobe Garamond 12,5 p
Entrelinha: 18,8 p
Papel (miolo): Off-white 80 g/m^2
Papel (capa): Cartão 250 g/m^2